폭력의 여사

폭력의 역사

한국 현대사의 숨겨진 비극들

김성수 지음

필요
한책

그가 대답했다. "다니엘아, 물러가라. 이 말씀은 마지막 때가 오기까지 봉한 채 비밀에 붙여질 것이다. 그동안 많은 사람들이 단련을 받아 깨끗해져서 빛날 것이다. 악한 사람들은 끝내 눈이 열리지 않아 악한 짓을 계속하겠지만 슬기로운 지도자들은 눈이 열려 환하게 알 것이다. (…) 그러니 그만 가서 쉬어라. 세상 끝날에 너는 일어나 한 몫을 차지하게 될 것이다."

-『공동번역성서』「다니엘서」12장 9~13절

■ 각주는 저자와 편집자가 함께 작성했으나 글쓴이를 따로 구분하지 않았습니다.

■ 이 책에서 사용된 글꼴은 문체부 바탕체, 양평군체, 제주명조체, G마켓 산스, KBIZ한마음명조체, KoPub돋움체, KoPub바탕체, Mapo금빛나루입니다.

책머리에

지난 2000년, 10년간의 영국 유학 생활을 마치고 귀국했다. 하지만 IMF 직후라 역사학을 전공한 내가 직장을 얻기란 하늘의 별따기 같았다. 1남 1녀의 가장인 나는 호구지책으로 학원 영어 강사, 외국 유학원, 영어 학원 월급 원장, 다국적 외국 기업 홍보 등 영어와 관련된 일을 닥치는대로 했다. 월급은 그럭저럭 괜찮았지만 보람은 별로 없었다.

그러던 중 죽마고우이자 내 처녀작 『함석헌 평전』을 내준 삼인출판사 홍승권 사장이 대통령소속 의문사진상규명위원회에서 영문 보고서 번역과 제작 담당자를 모집하는데 지원해 볼 것을 권유했다. 다행인지 불행인지 "진보 진영에는 영어를 잘하는 사람이 별로 없어서" 무난하게 합격했다.

월급은 이전 다니던 민간 기업보다는 훨씬 적었지만 한국 현대사 전공자인 내게는 금상첨화인 직장이었다. 단순한 직장이 아니라 한국 현대사의 소중한 자료에 마음대로 접근할 수 있었고 특히 1970년대부터 1990년대 군사 독재 시절과 권위주의 정권 시절을 온몸으로 저항한 독립운동가와도 같은 친구들과 함께 직장 동료로 일할 수 있었던 것은 너무나도 큰 특전과도 같았다. 그리고 직장 동료들의 친구나 선후배들이 박정희, 전두환, 노태우 정권기에 젊은 시절의 사회정의감 때문에 감옥에 끌려가서 고문당해 죽거나, 데모하다가 실종되거나, 군대에 끌려가 의문사당했다는 비극적인 증언을 생생하게 접할 수 있었다.

2004년 12월 의문사위가 문을 닫고 한동안 또 영어로 밥을 먹고 살다가 반부패 기관인 투명사회협약실천협의회에서 일하게 되었다. 그러다가 그 직장 동료가 1기 진실·화해를위한과거사정리위원회에서 일을 하게 되면서 내게 영어를 많이 사용하는 국제 협력 담당자를 모집한다고 귀띔해 주었다. 그래서 두 생각하지 않고 바로 지원했고 이번에도 무난하게 합격했다.

진실화해위원회 일을 통해서 한국전쟁기에 벌어진 수많은 민간인 학살 희생자와 그 후 권위주의 정권하에서의 인권 침해 피해자, 그리고 그 유족들의 끔찍한 증언을 수시로 접하고 큰 충격을 받았다. 그러면서 역사학 전공자로서 이분들의 억울하고 한 많은 사연을 언젠가는 꼭 기록으로 남겨야겠다고 스스로에게 다짐했다.

사상가 함석헌은 그의 명저 『뜻으로 본 한국역사』에서 "우리 민족은 착하고, 남을 괴롭힌 적이 없다"고 했다. 하지만 한국 현대사의 수많은 민간인 학살 희생자와 인권 침해 피해자 그리고 억울하고 한 많은 유족들의 기막힌 사연을 접하며 언제부터인가 이런 함석헌의 생각에 전혀 동의하지 않게 되었다.

이 책은 그동안 내가 오마이뉴스에 기고한 글들을 수정 보완한 것으로 민간인 학살 희생자와 인권 침해 피해자 그리고 그 유족들이 겪은 엄청난 비극에 대한 빙산의 일각과도 같은 기록이다. 이 책을 통해 독자들이 한국 현대사의 숨겨진 비극과 국가 폭력의 역사를 조금이라도 더 알 수 있게 되었다면 저자로서 더 큰 보람이 없겠다.

2022년 10월 영국의 조용한 시골에서
김성수 적음

목차

1987년 6월 서울 민주 항쟁 ⓒ서울기록원

1. 1992년
"미행당하고 있어"
9년 만에 드러난 청년 박태순의 의문사

박태순은 전두환 정권기인 1985년 3월 한신대학교 철학과에 입학 후 반독재 민주화 운동, 노동자 권익 운동을 지향하는 서클에 가입했다. 그리고 1985년 5월 한신대 총학생회에서 주도한 시위, 1986년 6월 광주민주화운동 관련 학생 시위, 1986년 9월 아시안게임 반대 시위 등에 참가했다.

그는 또한 1986년 12월 학생 운동권 친구들과 노동 운동을 준비하는 서클을 조직해 활동했다. 한신대 철학과 친구들의 소개로 수원 지역 노동 운동 조직에도 가담했다. 이어서 1987년 5월 경기도 화성군(현 화성시)에 있는 금속 공업 회사, 1988년 4월 경기도 용인군(현 용인시)에 있는 열교환기 회사에 형 이름으로 위장 취업해 임금 인상 등 노동자 권익을 위해 활동했다.

왜 그는 시흥역에 있었을까?

1989년 5월 20일 그는 수원지방검찰청사에서 '학살 원흉 민중 생존권 탄압 노태우 정권 해체하라'는 구호가 게재된 유인물, 태극기, 화염병 등을 감추고 들어가 공안검사실을 점거하고 '공안합수부 해체 및 이철규 열사 사인 규명'*을 요구하면서 시위했다. 그 결과 1989년 5월 22일에 구속되어 특수공무집행방해치상 등의

---

* 이철규는 조선대학교 교지 『민주조선』의 편집위원장으로 지명수배를 받다 1989년 5월 10일에 시명힌 상대로 발견됐으나 소사가 신행됐으나 결국 사인이 규명되지 않아 의문사로 남았다.

박태순 ⓒ의문사위 자료

죄로 징역 1년 6개월 형을 선고받고 수감된 후 1990년 11월 18일 만기 출소했다.

출감 후 박태순은 1991년 3월~4월 '수원 지역 노동자 친목 산악회'를 조직한 후 수원에 있는 대영정밀, 필립기계, 가야정기 등 중소 회사에 형 이름으로 위장 취업했다. 이후 부친의 소개로 1992년 8월 16일 부천시에 있는 수영기계에 취업해 1992년 8월 29일까지 선반공으로 일했다.

박태순은 1992년 8월 29일 오후 6시 30분경 수영기계에서 일을 마치고 공장 사무실에서 약 두 시간 동안 직원들과 소주를 마셨다. 그리고 밤 9시경에 직원과 함께 걸어서 역곡역에 도착해 개찰구를 통과했다. 그는 혼자 구로역에 내려 수원행 1호선 전철로 갈아탄 후 9시 31분경~47분경 시흥역에 내려 역 구내에서 약 10분 동안 머문 것으로 보인다.

이어 밤 9시 55분경 시흥역 경부 하행선 서울 기점

17.1㎞ 지점 저상 홈 선로변에 있다가 서울발 광주행 열차의 앞부분 왼쪽 승강대 손잡이에 부딪혀 선로 좌측으로 튕겨나가 두개골 파열로 현장에서 사망했다. 경찰은 사고 현장 감식 후 신원을 확인할 수 없다며 박태순을 신원 미상의 변사자로 처리했다. 이 때문에 박태순은 내가 2000년대 초반에 몸담았던 대통령소속 의문사진상규명위원회(의문사위)가 밝혀낼 때까지 8년 넘게 행방불명 처리되었다.

기무사의 마파람사업

한편 국군기무사령부(기무사, 현 군사안보지원사령부)는 1991~1992년 사이 좌경 세력에 대한 군 내 좌경 의식 오염 및 확산 방지 차원에서 군 내 좌경 전력자에 대한 동향 관찰 등 일명 '마파람사업'을 진행했다. 마파람사업은 그 대상자를 A, B, C급 등으로 나누어 관리하고 있었다.

박태순의 한신대 철학과 85학번 동기 이 아무개는 박태순과 함께 1989년 5월 20일 수원지검 점거 농성 사건으로 구속되어 1990년 11월 징역 1년 6개월의 수형 생활을 마치고 1991년 4월 육군 사병으로 군 복무를 시작했다. 서울 지구 기무사에서는 마파람사업의 일환으로 1991년 5월부터 신원 조회, 공안 기관의 정보 제공 등을 통해 이 아무개를 'A급 좌경 관련 동향 관찰 대상자'로 선정했다. 그리고 기무사 상사 추 아무개는 이 아무개의 좌경 혐의점을 포착하고자 기초 내사를 했다.

추 아무개는 이 아무개에 대한 기초 내사 과정에서 그의 친구인 박태순의 인적 사항을 파악했다. 또한 추 아무개는 1991년 8월 15일 안성에서 수원 지역 노동 운동가들의 M.T. 현장을 탐문했고, 같은 해 10~11월 수원경찰서 대공과, 경기지방경찰청 공안분실, 한신대 경찰상황실 등을 방문해 정보를 수집했다. 그러면서 추 아무개는 박태순과 그의 친구들이 위장 취업한 대일화학·금호전기·가야정기·삼성전자 등의 공장을 방문하는 등 집중적으로 사찰했다. 당시 기무사는 박태순 등이 군인이 아니라 모두 민간인이라는 사실을 알고 있으면서도 불법적으로 민간인을 사찰한 것이다.

추 아무개 등은 1991년 11월 7일 오전 10시 30분경 박태순과 함께 수원시 자취방에 기거했던 한신대 86학번이자 수원지검 점거 농성 사건 관련자인 백 아무개를 미행하다가 자신들의 미행이 노출되자, 현장에서 백 아무개를 검거하고 관할 수원세류파출소에 이첩했다. 검거 당시 추 아무개가 백 아무개에게 "박태순은 어디 있느냐?"라고 추궁했다. 또한 의문사위는 추 아무개가 1992년 1월 18일 경찰청 정보기록실을 방문해 박태순과 그 친구들의 정보 기록을 열람한 사실을 확인했다.

대선 앞두고 공안 업무 강화한 경찰

1991~1992년 경찰은 1987년 이후 학생 운동권 출신들이 노동 현장에 대거 유입되면서 노동 운동이 활성화되자 1989년 대공2계 내에 있던 좌경의식화반을 대공3계로 독립해 '좌경 의식화 사범'에 대한 내사 공작 업무를 강화했다. 그리고 1992년 대통령 선거를 앞두고 공안 업무를 대폭 강화했다.

의문사위는 경기지방경찰청 공안분실, 수원경찰서, 화성경찰서 보안과 등을 대상으로 박태순에 대한 내사 활동 여부를 조사했다. 그 결과 이 기관들이 1991~1992년경 박태순과 그 친구들이 수원 지역에서 위장 취업을 해 노동 운동을 한 것을 파악한 후 이들에 대한 내사·검거 업무를 집중적으로 수행한 사실을 확인했다.

의문사위는 박태순 열차 사고의 진상을 밝히기 위해 박태순 사망 당일을 전후해 그의 주변 인물과 정황을 집중 조사했다. 결론적으로, 우선 박태순이 자살할 만한 타당한 이유를 찾을 수 없었다. 죽음을 암시하는 징후나 유서 등도 발견된 것이 없었다. 당시 사고 열차 기관사는 "변사자 박태순이 비틀거리면서 선로변에 근접해 서 있었다"라고 진술했는데, 선로변에 갑자기 뛰어들거나 누워 있는 등 일반적인 자살 유형과 다른 점으로 보아 박태순이 자살한 것은 아닌 것으로 의문사위는 판단했다.

박태순은 사망 당일 부천에 있는 수영기계에서 일을

마치고 공장 사무실에서 직원 4명과 함께 술 한잔을 하고, 술에 취한 상태에서 귀가하는 중이었다. 사고 열차 기관사는 당시 작성한 진술서에서 "200m 전방에서 변사자가 술에 취한 듯 비틀거리면서 선로변에 다가오는 것을 보았다", "변사자가 누군가에게 쫓기는 듯한 정황이 아니었고, 주변에 다른 사람이 있는 것을 보지 못했다"고 진술했다. 의문사위는 현장에 출동한 시흥파출소 직원, 서울남부경찰서 변사 담당 형사, 검안의, 사체를 수습한 영안실 직원, 시흥역 부역장에게서 사망 현장에서 공안 기관원을 목격했다는 진술도, 다른 타살 정황에 대한 진술도 확보하지 못했다. 따라서 의문사위는 박태순이 음주 후 취한 상태에서 귀가 중 단순 열차 사고로 사망했을 가능성도 배제하지 않았다.

"기관원의 미행이 있어 약속 시각에 늦었다"

하지만 박태순이 사망 2주 전 중학교 동기 등과 경기도 광명시 한 호프집에서 만났을 때 기관원의 미행이 있어 약속 시각에 늦었다고 말한 점, 또 당시 그가 귀가하려면 집과 가까운 석수역에서 내려야 하는데도 시흥역에서 내려 집 반대 방향인 저상 홈 철로변에서 사망한 점은 석연치 않다고 의문사위는 판단했다. 또한 당시 변사 사건을 처리한 경찰이 박태순의 바지 주머니에서 전철 정액권 외에는 일체의 소지품을 발견하지 못했고, 그의 지문 상태가 선명하면서도 특이했는데도 신원이 확인되지 않는 등 타살과 은폐에 대한 의혹도 지울 수 없었다.

그런데 2001년 의문사위에서 박태순에 대한 내사 여부를 조사받던 서울 지구 기무사 방첩과 좌경계 소속 군무원 이 아무개는 이렇게 진술했다.

"당시 기무사 요원 추 아무개가 1992년 2월 대구 지역 파견반 전출을 가고 나서 몇 개월 후에 첫 휴가시 오전 10시에서 11시경 기무사 방첩과 좌경계 사무실에 찾아와서 '전에 우리가 내사했던 박태순이 전철역에서 죽었다. 오늘 기차를 타고 올라오다가 수원에서 내려 수원 지역의 경찰들을 만나고 올라왔는데 경찰들 이야기가 박태순이 죽었다고 하더라'라고 이야기했다. 또한 같은 날 추 아무개와 함께 점심 식사를 하기 위해 오류동의 한 식당에 가는 도중 일부러 부천 역곡역 인근에 있는 수영기계 공장에 들렀는데 여기에서 추 아무개는 '여기가 박태순이 근무한 공장이다'라고 하고 역곡역을 가리키면서 '이쪽 방향으로 출퇴근했는데, 이 도로로 역곡역에서 전철을 타고 다니다가 죽었다'라고 말했다."

이 아무개의 진술은 철로 사고 후 신원 미상의 변사자로 처리되어 행방불명되었던 박태순의 사망 사실과 수영기계 근무 사실을 사망 당시 기무사 요원 추 아무개가 알고 있었음을 의미했다. 진술의 진위를 확인하기 위해 의문사위는 추 아무개를 조사했다. 추 아무개는 1992년 하반기 여름 휴가 중 서울 사무실에 방문한 사실이 없고, 동료 이 아무개에게 "박태순이 전철역에서 죽었다"고 말한 사실도 없다고 적극 부인했다.

그러나 기무사로부터 입수한 1992년 추 아무개의 여름 휴가명령서에는 휴가 기간이 '1992년 9월 2일부터 9월 6일까지(5일간)', 휴가 행선지는 '서울 강서 지역'으로 기재되어 있어 추 아무개의 진술은 진위가 의심스러웠다. 따라서 의문사위는 추 아무개의 이외 행적, 알리바이를 확인하고자 주변 인물과 증거 자료를 수집하고자 노력했다. 그러나 10여 년이나 지난 일이라 추 아무개의 행적을 파악하기는 어려웠다.

그리고 당시 의문사위의 조사 권한으로는 추 아무개의 금융 거래 내역 조회, 통화 내역 조회 등을 할 수 없었다. 의문사위는 거짓말탐지기 조사를 통해 추 아무개 진술의 신빙성 여부를 판단하고자 했다. 하지만 추 아무개와 이 아무개 모두 거짓말탐지기 조사에 불응했다.

이 아무개의 진술만으로는 추 아무개가 박태순의 사망 사실을 알고 있었다고 인정할 수 없었다. 또 박태순이 열차 충돌로 사망한 현장을 목격 또는 인지한 공안기관원이 있었다는 증거나 정황도 찾을 수 없었다. 결국 박태순이 평소 이용하던 석수역에서 내리지 않고 시흥역에서 내려 형의 집 반대 방향인 구로 방향 일반 홈을 지나 저상 홈 약 35m 지점까지 이동한 경위와 그 이유에 대해서도 밝혀지지 않았다. 이 때문에 의문사위는 '진상 규명 불능' 결정을 내릴 수밖에 없었다.

자료 협조 거부한 기무사와 법무부 검찰

문제는 다른 부분에도 있었다. 기무사는 의문사위가 7개월간 3회에 걸쳐 요청한 마파람사업에 대한 자료를 끝내 공개하지 않았다. 경기지방경찰청 공안분실은 내사 공작 관련 문서를 폐기해 관련 사실을 확인할 수 없었다. 법무부 검찰3과는 공안 조회에 대한 회신이 대외비라며 알려 주지 않았다. 결국 의문사위는 권한 제약과 위 기관들의 비협조로 관련 자료를 입수하지 못해 박태순 사건에 대한 조사를 충분히 할 수 없었다.

당시 서울남부경찰서는 박태순의 사망에 대하여 '신원을 알 수 없는 변사자가 무단 횡단을 하다 열차에 충돌해 두부 파열로 현장에서 사망한 단순 사고사'로 보고했다. 서울남부경찰서 변사 사건 담당 형사는 1992년 8월 29일 박태순의 사고 현장에서 변사자의 바지 주머니에서 전철 정액권 외에 소지품 일체를 발견하지 못해 변사자의 인상 착의를 토대로 서울남부경찰서 상황실 계통으로 신원 수배하고, 열 손가락의 지문을 채취해 경찰청 지문감식과에 신원 조회를 의뢰했다. 그러나 1992년 10월 8일에 '지문 불발견' 통보를 받았다. 그래서 구로구청에 연락해 행려사망자로 취급하여 사체 인도를 의뢰했다. 그 결과 박태순의 사체는 구로구청과 서울장묘사업소를 거쳐 1992년 10월 27일 경기도 벽제리묘지에 행려사망자로 가매장되었다.

벽제리묘지관리소는 매장지 확보난 해소와 개장지 재활용 등 효율적인 묘지 관리를 위해 1984년 4월 20일부터 무연고 사망자 단지 조성 계획을 수립했다. 그래서 박태순이 가매장된 지역의 무연고 사망자 약 300여 구를 일괄적으로 개장해 화장했고 사체는 파주시 광탄면 용미리 무연고 추모의 집에 유골 상태로 안치했다.

의문사위는 1992년 8월 29일 전후 서울시 행려사망자 212명에 대한 변사 자료를 검색하던 중 구로구청에서 1992년 8월 29일 오후 9시 55분경 시흥역 구내에서 열차 사고로 사망한 신원을 알 수 없는 변사자의 사체를 가매장 처리한 기록을 발견했다. 의문사위는 당시 변사자로부터 채취한 신원 조회용 열 손가락 지문을 경찰청 과학수사과 지문계에 재확인 의뢰했다. 그리고 2001년 2월 13일 경찰청으로부터 변사자의 지문과 박태순의 지문이 동일인임을 통보받아 실종자 박태순의 사망 사실을 확인했다.

아들의 사망 사실도 알지 못한 유족들

유족들은 처음에는 '박태순이 곧 돌아오겠지' 하고 기다렸지만 연락이 없었다. 유족들은 박태순이 다녔던 수영기계에 수차례 찾아가 행방을 수소문했고, 박태순의 퇴근 후 행적을 알아보고자 구로역, 석수역, 석수파출소 등 인근 전철역과 경찰을 찾아다녔다. 그 외에도 유족들은 1992년 11월 민주화실천가족운동협의회와 한겨레신문 등에 박태순을 찾는 광고를 내었고, 1993년 2월에도 어느 잡지에 박태순을 찾는다는 광고를 냈다. 그러면서도 경찰을 신뢰할 수 없어 가출이나 실종신고를 하지는 않았다.

결국 유족들은 박태순의 사망 사실도 알지 못한 채 9년이 지난 2000년 12월 28일 의문사위에 박태순을 찾아 달라고 진정했다. 2001년 2월 16일 의문사위가 박

박태순 실종 포스터 ⓒ의문사위 자료

태순이 시흥역에서 열차 사고로 사망했다는 사실을 통보하자 유족들의 슬픔은 이루 말할 수 없었다.

2001년 4월 9일에 유가족, 한신대 민주동문회, 한신대 교수평의회, 영등포고등학교 동문 등이 참여한 가운데 '박태순 의문사 사건 진상 규명 대책위원회'가 발족했다. 2001년 8월 19일에는 박태순의 유골을 인수해 경기도 가평군 마석 모란공원에서 장례식을 했고, 2002년 10월 1일에는 추모 행사를 하고, 박태순의 추모비를 제작해 한신대 교정에 세웠다.

나와 의문사위와 진실·화해를위한과거사정리위원회(진실위) 직장 동료였던 안경호 4·9평화통일재단 사무국장은 고등학교 1학년 때부터 가까운 친구였던 박태순의 실종 사건이 자신이 과거사 청산 운동을 벌이는 계기가 됐다고 토로한다. 그는 "1992년 당시 노동 운동을 하던 친구 박태순과 영등포 한 허름한 술집에서 만나고 보름 후 태순이가 기무사 추적을 받다가 실종됐는데, 그 후 무려 10년 동안 가족, 친지들도 그 친구가 살았는지 죽었는지도 몰랐다"라고 회상했다. 그리고 2기 진실위가 설립되면 친구 박태순 사건도 꼭 재조사해주기를 희망했다.

2. 1990년
사고사로 믿기 어려운 정황들
수석 입학생 김용갑의 짧은 삶

89학번인 김용갑은 1970년생인 동기생들보다 서너 살 많은 1966년생이었다. 그는 가정 형편상 고등학교를 마치지 못하고 생활 전선에 뛰어들어야 했다. 하지만 주경야독으로 검정고시를 통과했다. 그 후 김용갑은 이른바 명문대에 합격하기도 했다. 그러나 학비를 마련할 길이 없어서 학업을 포기하고 있었다. 그러던 중 1989년 3월 강원도 속초 동우전문대학교에 수석 입학 장학금을 받고 입학하게 됐다.

그는 학교에서 대학신문사 기자로 활동하면서 도서관 문제 등 학내 문제에 관심을 갖고 취재 활동을 했고 편집 자율권을 요구했다. 또한 동우학원 민주실천위원회에 가입해 활동하면서 동우대의 전국대학생대표자협의회 가입을 추진했고, 1980년 광주민주화운동 당시 학살 책임자 처벌을 요구하며 박종철, 이한열 추모식에서 노태우 정권을 비판했다.

그러자 임 아무개 등 동우대 재단 측의 지원을 받던 폭력 학생들은 1989년 11월 총학생회 선거를 준비하던 김용갑 등 학생들을 폭행했다. 특히 총학생회 선거를 준비하고 있던 '탈춤' 동아리방에 15명 정도의 폭력 학생들이 들어와 동아리 소속 학생들을 무릎 꿇게 한 후 "데모하지 말고 공부 열심히 해라"라고 하면서 주먹과 발로 폭행했다. 그리고 그 후에도 이와 같은 폭력 사건들이 여러 차례 있었다.

그런 협박과 어려움에도 불구하고 김용갑은 학생들

김용갑 ⓒ의문사위 자료

의 압도적 지지로 총학생회장에 당선되었다. 학생회장 김용갑은 장학금 지급과 부동산 투기 등과 관련한 동우대 재단 비리를 밝히기 위해 학내 집회를 여는 등 재단 비리 문제 해결에 주도적인 역할을 했다. 이어서 동우대 학생들은 1989년과 1990년 기숙사, 학생회관을 비롯한 학생 복지 시설 확충, 실험 실습 여건 개선, 장학금 인상, 등록금 문제 시정을 요구하는 학내 집회를 여러 차례 개최했다.

폭력배에게 돈 주고 술 사 준 대학 직원

그러자 1990년 3월 6일 신입생 환영회에서 동우대 재단 측이 고용한 폭력배들은 김용갑 등 총학생회 간부들을 무자비하게 폭행했다. 나의 지인이자 당시 김용갑의 동문인 고상만은 당시를 이렇게 회상했다.

"학교는 지역 폭력배를 사주하여 우리에게 폭력을 행사했다. 십 수 명의 폭력배들은 떼를 지어 쇠파이프, 각목 등으로 학생들을 폭행하고 협박했다. 그 공포감과 두려움은, 상상 그 이상이었다. 참 많이 맞았다. 정말 딱 한 대만 더 맞으면 죽을 것 같은 공포감으로 수없이 몸을 떨어야 했다. 지금도 잊을 수 없는 그 사건은 1990년 3월 6일 신입생 환영회에서였다. 또다시 술에 취한 폭력배 10여 명이 김용갑과 나를 유스호스텔에 감금한 채 폭행했다. 그들은 우리에게 학생들을 선동하지 말라고 했다. '그렇게 할 수 없다'는 말이 채 끝나기도 전에 이어진 무차별 폭행은 처참했다. 술 취한 그들의 각목은 약간의 인정도 없이 아무렇게나 마구 휘둘러졌다. 얼마나 맞았을까? 무차별 폭행이 그쳤을 때, 내 몸은 드라마에서 나오는 것처럼 벽을 타고 스르륵 무너졌다. 머리와 입, 코에서 흘러내린 붉은 피가 바닥으로 번졌다. 거울에 비친 내 처참한 몰골은 여전히 쉽게 지워지지 않는 악몽처럼 남아 있다. 그 후, 그날의 폭력 사태 역시 학생처 직원의 사주에 의한 것이란 걸 한 폭력배의 양심 선언을 통해 알았다."*

김용갑이 총학생회장으로 재임한 기간은 불과 20여

* "7차례 때리고 협박… 그리고 그는 죽었다". 오마이뉴스. 2012.1.27.

일 정도였다. 하지만 이 기간 중 김용갑은 동우대 측의 사주를 받은 폭력배들에게 무려 일곱 차례 폭행을 당했다. 폭력배들은 폭력과 함께 김용갑에게 "학생회장직을 사퇴하지 않으면 죽여 버리겠다"라고 으름장을 놓았다. 그리고 학생처 직원 김 아무개는 1990년 3월 21일 김용갑에게 "학내 민주화 운동을 하지 말라. 나는 나를 배신한 자를 용서하지 않는다. 차로 갈아 버리겠다. 그러나 나는 내가 하지 않고 다른 사람을 시켜서 하겠다. 사람을 차로 갈아 버려도 과실치사로 6개월이면 풀려 나온다"라고 협박했다.

그래서 이런 학생처 직원과 폭력 학생들에게 위협을 느낀 김용갑은 자신을 보호하기 위해 항상 몸에 칼을 지니고 다녔다. 하지만 그는 학생처 직원 김 아무개로부터 "차로 갈아 버리겠다"는 협박을 듣고 1주일이 지난 1990년 3월 28일 새벽에 한적한 도로변에서 차에 치어 숨진 채 발견되었다.

학생들에게 폭력이 행사된 학교 환경

의문사위 조사 결과 김용갑은 총학생회장 선거 운동 시기부터 동우대가 고용한 폭력 학생들에게 수시로 폭행과 협박을 받았던 것으로 확인되었다. 2002년 의문사위 조사에서 1990년 당시 폭력 학생들이었던 임 아무개, 강 아무개, 조 아무개 능은 그때 김용갑 능 악생들에게 폭력을 행사한 대가로 동우대 학생과에서 장학금을 받았다고 진술했다. 동우대 학생과에서는 근로장학금 대상자 2백 명 중 20여 명분을 빼내어 폭력 학생들에게 지급한 것으로 밝혀졌다. 학생과 직원 진 아무개는 폭력 학생인 임 아무개에게 장학금을 지급했고, 그 외에도 자주 술을 사 준 사실도 드러났다.

동우대는 당시 폭력 학생들과 지역 선후배 사이인 진 아무개와 김 아무개를 학생과 직원으로 채용했다. 그리고 폭력 학생들에 대한 장학금 지급은 매년 관례적으로 있었다. 또한 속초 시내 폭력 조직의 두목 박 아무개가 1991년에 동우대에 불분명한 사유로 입학했던 것도 밝혀졌다. 그래서 의문사위는 당시 동우대 재단과 학장의 적극적인 지시와 비호 아래 학생과가 직접 폭력 학생들을 사주해 김용갑 등 학생들에 대한 폭력과 협박을 행사하도록 했다고 판단했다.

김용갑은 의문사 전날인 1990년 3월 27일 밤 11시 20분경 친구와 헤어진 후 대학 동기 송 아무개 집에 들러 잠깐 이야기를 나누었다. 그리고 밤 12시경 누군가를 만난다며 송 아무개 집에서 나왔다. 그 후 학교 근처에서 친구 두 명과 술을 마시고 있던 동아리 연합회 부회장을 만나 학생회 일을 도와 달라는 얘기를 하고 나서, 이름을 알 수 없는 남자 두 명과 함께 사고 현장 쪽으로 걸어갔다. 그리고 3월 28일 새벽 2시경 속초시 노학동 소재 도로공사연수원 앞길에서 문 아무개가 운전하는 승용차에 치어 즉사했다.

김용갑이 사망한 후 동우대 학생주임 강 아무개는 당시 학내 폭력 사건이 많이 발생해 속초경찰서 정보과 학원반장 이 아무개에게 수사를 의뢰했지만 어떠한 조치도 없었다고 주장했다. 하지만 당시 정보과 학원반장 이 아무개는 강 아무개의 주장과는 반대로, 그때 동우대로부터 학내 폭력에 대한 수사 의뢰를 받은 적이 없다고 진술했다.

당시 동우대생 김 아무개는 1990년 3월 28일 새벽 0시 20분경 이름을 모르는 학생과 직원들이 김용갑의 자취집 근처에서 김용갑을 찾아다녔다고 의문사위에서 진술했다. 그러나 당시 동우대 학생과 직원들은 김용갑을 찾아간 일이 없다고 의문사위에서 주장했다. 또 동우대 측은 의문사위 조사에서 김용갑의 교통사고와 자신들이 관련이 없다고 주장했다.

가해자는 왜 지름길로 안 갔을까?

하지만 고상만은 1990년 3월 28일 김용갑 사고 당일이 총학생회 발대식 예정일이었으며, 김용갑이 동우대 직원과 폭력 학생들에게 일상적으로 협박당하던 시기였다는 점을 들어 김용갑의 사망에 동우대 직원이 개입되었다고 주장했다. 김용갑의 의문사 다음 해인 1991년에 고상만은 속초경찰서 대용 감방에 수감되어 있었다. 그때 고상만은 "깡패들이 '김용갑의 죽음은 학생과 직원이 사주해 일어난 사건'이라고 이야기하는 것을 감방에서 들었다"라고 진술했다. 그러나 의문사위는 이에 대한 직접적인 증거를 확보하지 못했다.

또한 고상만은 1993년 8월과 9월에 동우대 직원 김 아무개가 자신에게 "내 말만 들었으면 김용갑은 죽지 않았다. 너희들도 내가 아니었으면 다 죽었을 것이다"와 같은 내용의 말을 한 적이 있다고 진술했다. 그러나 김 아무개는 의문사위에서 "자신이 김용갑과 사망 전날인 1990년 3월 27일 만나기로 했는데 김용갑이 자신을 찾아오지 않았던 일이 있었고, 나중에 이와 관련해 그때 김용갑이 자신과 만났더라면 사고를 피할 수 있었다는 취지로 이야기한 것"이라고 주장했다. 또한 "너희들도 내가 아니었다면 다 죽었을 것이다"라는 말은 한 적이 없다고 진술했다.

김용갑의 유족은 사고 정황을 봤을 때 김용갑의 사망에 동우대 측이 개입되었다며 경찰에 의문을 제기했다. 하지만 경찰은 유족의 의문점을 해명하지 못했고, 동우대 측 관련자들에 대한 조사도 하지 않았다.

'김용갑 학생회장 사인 진상 규명 대책위원회'에서는 김용갑이 사망하기 전 마지막 2시간 35분의 행적이 분명하지 않고, 김용갑을 차로 사망하게 한 문 아무개가 지름길로 가지 않고 운전하다가 사고가 난 경위가 의심스러우며, 경찰의 수사 상황 보고서에 기재된 내용이 사실과 다르다고 주장했다. 사고를 낸 차를 몬 문 아무개가 지름길을 포기하고 운전을 하다가 사고가 발생한 것에 대해서는 당시 피의자 검거를 담당했던 최 아무개도 "의심되는 게 사실"이라고 의문사위에서 진술했다.

그러나 문 아무개가 대체 어떤 이유로 지름길을 포기하고 운전했는지에 대해서는, 문 아무개가 이미 사망해 확인할 수 없었다. 그는 감옥에서 2심 집행유예로 나온 후 1990년대 중반에 건설 현장에서 추락사했다.

이해할 수 없는 사건 당시 상황들

기록에서도 이상한 점들이 발견됐다. 당시 경찰의 수사 상황 보고서에는 문 아무개가 김용갑을 발견하고 브레이크를 밟았으며, 사고 현장에 브레이크 자국이 나타나지 않은 것은 사고 당일 비가 내렸기 때문이라고 기록되어 있었다. 하지만 의문사위가 속초기상대에 확인한 결과 사고 당시에는 비가 내리지 않았다. 그래서 브레이크 자국이 없는 것은 김용갑을 차로 사망하게 한 문 아무개가 브레이크를 밟지 않았기 때문으로 추정했다.

또한 당시 경찰 수사 상황 보고서에는 사건 직후 동료 학생이 김용갑이 사망하기 전 만난 송 아무개를 찾아간 것으로 기록되어 있었다. 하지만 의문사위 조사 결과 송 아무개를 찾아간 사람은 동료 학생이 아니었다. 그때 송 아무개를 만난 이는 바로 동우대 직원이었다.

　게다가 김용갑을 차로 친 후 문 아무개는 "(사고 후) 자동차 앞 유리를 혼자서 갈아 끼웠다"고 경찰 조사에서 주장한 것으로 기록되어 있었다. 그러나 자동차정비사 박 아무개는 "기술자라도 장비 없이 혼자서 자동차 앞 유리를 갈아 끼우는 것은 불가능하다"고 의문사위에서 진술했다. 결국 의문사위는 증거를 은폐하기 위해 누군가가 문 아무개가 운전했던 사고 차량의 앞 유리 교체 작업을 도와준 것으로 추정했다.

　김용갑 사건의 조사 결과 의문사위는 동우대 차원에서 폭력 학생들로 하여금 김용갑 등 학생들에게 학내 비리와 부실한 교육 여건 문제를 제기하지 못하도록 조직적으로 폭력을 행사하고 협박을 가하도록 했으며, 그 대가로 폭력 학생들에게 장학금 등을 지급한 사실이 인정된다고 판단했다. 또한 김용갑 의문사 당일이 동우대 측이 골치 아파하는 총학생회 발대식 예정일이었다는 점에서 김용갑 사망의 원인이 된 교통사고에 동우대 측이 개입했을 가능성이 있다고 판단했다.

　하지만 김용갑의 사망에 동우대 측이 개입했는지 여부는 증거 부족으로 의문사위가 명백히 밝힐 수 없었다. 앞서 설명에서처럼 의문사위는 김용갑이 사망 당일에 이름을 알 수 없는 남자 두 명과 차량 사고 현장 쪽으로 향했다는 것까지 확인했다. 그러나 그와 동행한 사람들이 누구였는지 신원을 확인할 수는 없었다. 이런 이유로 의문사위는 지난 2004년 김용갑 의문사 사건에 대해 '진실 규명 불능' 결정을 내릴 수밖에 없었다.

"타살을 강력히 의심한다"

한편 1990년 3월 28일 김용갑의 충격적인 죽음 후 고상만은 "형의 죽음을 잊지 않겠다. 형이 이루고자 했던 희망의 미래를 만들어가기 위해 살아가겠다. 앞으로 '정의와 인권이 강물처럼 흐르는 세상'을 만들기 위해 더 열심히 살 것"이라고 다짐하며 인권 운동가로서의 첫 발을 뗐다.

본고를 쓰던 때, 고상만은 대통령소속 군사망사고진상규명위원회에서 사무국장으로 일하고 있었다. 나는 그에게 "지금도 김용갑이 타살되었다고 믿는가?"라고 물어봤다. 이에 대해 그는 이렇게 답변했다.

"김용갑이 사망했을 때 사고사라 여기기에는 믿을 수 없는 정황들이 너무 많았다. 그러나 수사 기관은 이를 해결하지 않고 그냥 묻으려고만 했다. 사망 전 일곱 차례나 김용갑을 납치, 감금, 테러, 가혹 행위, 정신적 고통을 준 동우대 재단 측의 행위가 있었고 그 끝에서 김용갑이 사망했다는 점에서 나는 타살이 아닌가 강력히 의심한다. 무엇보다 중요한 부분은 사고 당시 새벽 2시에 김용갑이 왜 집이 아니라 고통 속에 칼을 품고 거리를 헤매다가 숨져 갔느냐는 점에서, 이는 김용갑을 죽음으로 내몬 타살이라고 생각한다."

3. 1988년
어느날 갑자기 사라진 대학생 안치웅
23년 만의 장례식을 치르다

안치웅은 1982년 서울대학교 경제학과에 입학했다. 그는 대학 재학 중인 1985년, 구로에서 동맹 파업을 하는 노동자들을 지원하기 위해 노동자와 대학생들이 연대한 농성단을 이끌고 대우어패럴 농성장에 진입했다. 그러나 막강한 경찰 진압대의 몽둥이에 실컷 두들겨 맞고 감옥에 구속되어 징역 1년 실형을 선고받는다.

전두환 군사 정권이 한창 기승을 부리던 1986년 7월 4일, 안치웅은 1년여 징역을 살고 출소한다. 그러나 전두환 정권의 블랙리스트에 오른 그는 수사 기관으로부터 끊임없이 감시와 사찰을 받는다.

그러던 어느 날, 안치웅은 1988년 5월 26일 강동구 암사동의 한 교회에서 교사로 활동하던 중 지인을 만나기로 약속하여 오전 9시경 집을 나간다. 그러나 그 이후 현재까지 그는 행방불명이다. 실종되었다.[*] 지금 안치웅이 어느 곳에 있는지, 살았는지 죽었는지 아는 사람은 없다. 홀연히 우리 곁에서 사라진 것이다.[**]

그때부터 안치웅의 부모님은 전국을 헤매며 돌아다녔다. 그리고 매일, 매 순간 피울음을 삼키며 살아왔다. 그리고 22년 1개월여가 지난, 2010년 7월에야 겨우 민주화운동명예회복보상심의위원회에서 안치웅의 실종이 민주화 운동과 관련되어 있다는 인정을 받았다. 그리고 그의 실종 사건에 국가 공권력이 개입됐음을 처

* "나와의 약속장소에 안나왔다". 오마이뉴스. 2000. 5. 15.
** 노진수, 안치웅씨 어디에 있습니까. 오마이뉴스. 2000. 4. 25.

안치웅 ⓒ박종부

음으로 인정받았다. 그래서 실종 23주년에 맞춰 2011년 5월 29일에 드디어 서울대광장과 마석 모란공원 민주열사묘역에서 그의 장례식을 치렀다. 23년 만에야 비로소 치른 장례식인 것이다.

23년 만에 시신 없이 치른 초혼장

안치웅이 그렇게 염원하고 그리워하던 세상은 아직도 멀게만 느껴진다. 그러나 그는 이제 더 이상 행방불명자가 아닌 이 땅의 민주주의를 위해 자신의 한 몸을 기꺼이 던진 열사로 기억되어야 한다. 그래서 나는 전국민족민주유가족협의회(유가협) 청년회장이자 박종철 열사의 형인 박종부 씨를 만났다. 유가협 청년회는 유가협 어른들(자녀, 배우자를 잃은 사람들)의 2세들 즉, 죽어 간 자들의 형제, 자매 혹은 자녀들로 이루어진 단체다. 그는 또한 안치웅의 장례식을 추진한 사람이기도 하다. 다음은 그와 나눈 일문일답이다.

-2010년에 늦었지만 안치웅 실종 사건에 국가 공권력이 개입되어 있었음을 국가로부터 처음 인정받았는데, 그 후 이 사건에 대한 추가적인 정부의 조사나 어떤 진전이 있었나?

"2010년 7월 민주화운동명예회복보상심의위원회는 안치웅을 민주화 운동과 관련한 행방불명자로 인정하여 명예를 회복시켰다. 포괄적인 의미로 본다면 국가 공권력의 개입에 의한 행방불명임을 인정했다고 할 수 있다. 그러나 그렇다고 하여 안치웅을 행방불명에 이르게 한 국가 공권력의 구체적 실체, 불법성을 밝힌 것은 아니다. 말 그대로 포괄적으로 당시의 시대적인 상황을 고려하고 또 안치웅의 활동상을 반영하고, 안치웅이 수사 기관의 감시 대상이었다는 것을 놓고 개연성을 따져 인정한 것이다. 도대체 안치웅을 행방불명에 이르게 한 부당한 국가 공권력은 무엇인가? 안기부인가? 경찰인가? 정부는 이에 대한 명확한 조사를 하지 않았을뿐더러 현 국정원 등 여전히 그 당시의 폭압 기구가 존재한다. 더 밝혀진 것도 없고 과제만 산적하다."

-안치웅 실종 사건의 명예 회복과 관련된 일과 23년 만에 진행되는 초혼장에 관여하게 된 계기나 동기가 있었나?

"안치웅을 이대로 행방불명 상태로 놓아 둘 수 없다고 생각했다. 비록 시신도 찾지 못했고 개입한 국가 공권력의 실체를 규명하지는 못했지만 언제까지 행방불명인 상태로 놓아 둘 수 있겠는가? 만족스럽지 않지만 민주화운동보상심의위원회에서 민주화 운동 관련자로 인정하여 안치웅의 삶과 죽음이 최소한으로 명예 회복이 된 만큼 이제는 유가족들을 위로하고 또 구천을 떠도는 안치웅의 억울한 영혼을 말 그대로 초혼장을 통해 현실의 모습으로 복원하고 싶었기 때문이다. 유가협 청년회장을 맡아 활동하다 보니 그동안 수없이 보아 온 유가협 어른들의 고단한 삶을 함께 하고 싶은 작은 마음이라고 하겠다."

–과거 안치웅 씨의 변론을 맡은 박원순 변호사가 2010년 2월 안치웅 실종 사건과 관련하여 제출한 의견서를 보면, '안치웅은 출소 후 지속적으로 감시 사찰을 받은 것으로 판단됨… 당시 안치웅이 감시 상황에 놓였다고 추단케 하는 정황적 배경들이 확인됨… 공안 당국의 감시 사찰 상황 말고는, 달리 안치웅의 실종을 설명할 합리적 이유가 없음'이라고 되어 있다. 이에 대해 정부에서 공식적 사과나 유족에 대한 배·보상 조치가 있었나?

"안치웅의 경우뿐만 아니라 거의 대다수의 사건들에 대해서도 정부는 공식적인 사과를 한 적이 없다. 사과가 없는 보상이다 보니 그 보상이라는 것도 사람의 목숨을 국가 권력이 빼앗은 중대 범죄에 대한 보상이라고 말하기 민망할 정도다."

－2000년 9월 안치웅의 부모님이 고 김대중 대통령에게 보낸 탄원서를 보면 "자기(안치웅) 뒤를 기관원이 미행을 하고 있다고 여러 차례 이야기한 적이 있습니다. 당시 저희는 암사동에서 자그마한 가게를 하고 있었는데 간혹 기관원으로 보이는 사람이 찾아와 아들에 관해 '요즘 무엇을 하느냐, 어디에 다니느냐?' 등 그의 행적에 관해 묻고 가곤 했습니다"라고 했다. 이런 정황 자료들을 보면 안치웅이 행방불명이나 의문사가 아니라 전두환 군부 정권에 의한 타살이라고 판단할 수 있는 것 아닌가?

"그렇다. 군부 독재가 자신의 정권을 유지하기 위해서 젊은이들을 수없이 잡아 가두고 고문하고 죽음에 이르게 했다는 것은 주지의 사실이다. 그 서슬 퍼런 시절에 시신이 있으면 의문사고 그나마 시신이 없으면 행방불명이라고 했으니 무엇이 의문사고 무엇이 행방불명인가? 안치웅은 타살이다."

－안치웅 씨 부모님이 실종된 아들에 대한 탄원서를 당시 김대중 대통령에게 보낸 후 정부에서 어떤 조치가 있었나?

"2000년 9월 26일 청와대에 탄원서를 보냈는데 비서실 관계자가 그 다음날 김대중 대통령에게 직접 제출했다고 한다. 이튿날인 27일 서울경찰청에 이첩했다는 문서가 집으로 왔으며 경찰청에서 안치웅 부모를 불러서 김대중 대통령이 서울경찰청으로 탄원서를 보냈다고 하면서 안치웅을 찾아보겠다고 하더니 나중에는 찾아도 없다고만 했다고 전해 들었다. 담당 경찰이 어떻게 찾았으면 좋겠냐고 묻길래 각 복지원 같은 곳을 다 찾아보라고까지 말을 했다고 한다.

서울경찰청에서는 안치웅이 김해교도소 수감 중 옥중에서 실제로 단식 농성을 하는 등 처우 개선을 위해 투쟁했다는 사실 정도만을 알아냈을 뿐이라고 한다. 이는 안치웅 어머니의 말씀에 기반한 사실이다. 또 서울경찰청은 2000년 당시 청와대 지시에 따라 폭력계 형사들로 전담반을 구성, 1988년 실종된 안치웅의 행방에 대한 수사에 착수했다고 밝힌 적도 있다."

"국가 권력의 국민 압살과 은폐, 철저 규명돼야"

-과거 권위주의 정권 기간 동안 안치웅 씨 같은 실종 사건을 전부 몇 건으로 파악하나?

"세상에 드러난 사건들 중 여전히 행방불명인 사건으로는 심오석(1976년, 경북대생), 노진수(1982년, 서울대생), 안치웅 등 3건으로 알고 있고, 시신을 찾은 경우는 사건 발생 9개월 만에 찾은 정경식(1987년, 대우중공업 노동자)부터 9년 만에 찾은 박태순의 경우까지 부지기수다. 박태순의 경우만 놓고 보더라도 시신을 찾으면 의문사가 되고 시신을 찾지 못한 상태에서는 행방불명이었던 것이다. 이 얼마나 답답한 일인가."

-과거 장준하 의문사를 조사한 전 의문사진상규명위원회의 한 조사관은 "조사해 보면 모든 정황상 심증은 확실히 가지만 조사 권한이 미약해 결정적 증인이 발을 빼 버린다"라고 말한 적이 있다. 안치웅 씨 같은 실종 사건도 정부에서 의지를 가지고 조사에 적극적으로 임하면 진실 규명이 가능하다고 보나?

"나 또한 유가족으로서 고민이 많이 되는 대목이 아닐 수 없다. 가능하겠는가? 가능하게 해야 한다. 국민의 생명과 재산을 보호해야 할 국가의 권력을 개인 또는 한 당파가 장악하여 그 권력을 이용해 국민을 압살하고 그 시신을 유기하고 죽음을 세상과 역사에 은폐한 이 경악할 일들은 철저히 규명되어야 한다. 가능성을 물어본다면 가능하게 해야 한다고 답하고 싶다. 좀 더 구체적으로 말하자면, 진상 규명 기구를 만들어 봐야 '권한이 없어서'라고 면피하고, 그 결과라는 것도 여전히 존재하는 국정원 등 국가 폭압 기구들에 의해서 자신들 내부에서 공개해야 할 자료와 비공개 자료, 폐기 자료로 구분된 자료 중 공개 자료에만 의지하다 보니 엄밀히 말해 이것은 진정한 의미의 진상 규명일 수가 없다.

허원근 사건*을 예로 들면, 당시 특조단장을 하며 의문사위원회의 조사 결과를 뒤집었던 당사자가 모 정당의 국회의원이 되어 진실위의 허원근 조사를 여러 경로를 통해 압박했음이 드러났고,** 동생(박종철) 사건만 해도 당시 검찰이 사건을 규명한다는 명목하에 사실은 당시 청와대, 내무부, 치안 본부 등이 관계 기관 대책 회의라는 걸 통해 이를 적정선에서 마무리 지으려고 했었다는 것도 드러났지만 당시의 검찰 측 관련자는 여전히 여당의 실세로 있다.

정부의 의지 정도가 아니라 국가 권력이 원 주인을 찾아가게 하고 폭압 기구들을 해체해야 한다. 이것이 병행될 때 진상규명위원회가 다시 만들어져도 제대로 된 의지를 가질 수 있지 않겠나."

---

* '5. 1984년 "허원근은 타살됐다" 미국 전문가들은 사진에서 무엇을 봤는가?' 참조.

** 정수성 의원! 자료 요구할 자격 없습니다. 오마이뉴스. 2009.10.16.

4. 1984년
죽음으로 몰린 청춘
'통일의 꽃' 임수경 오빠 임용준의
의문의 죽음

임수경 전 국회의원은 1989년에 노태우 정권의 허가를 받지 않고 전국대학생대표자협의회 대표로 평양에서 개최된 세계청년학생축전에 참석했다. 이 사건으로 그녀는 '통일의 꽃'이라는 별명을 얻었다. 행사를 마치고 나서 그녀는 한국전쟁으로 한반도가 군사 분계선으로 가로막힌 이후 처음으로 공개적으로 휴전선을 걸어서 남으로 넘어왔다.

임수경은 휴전선을 넘어오자마자 안기부에 구속되었다. 그때가 1989년 8월 15일이었다. 그녀는 1990년 6월 11일 징역 5년을 선고받고 총 3년 5개월 수감 후 1992년 12월 24일에 가석방되었다. 1999년 3월 1일 사면 복권되었고 그 후 제19대 민주당 비례대표 국회의원이 되었다.

이제 얘기하고자 하는 임용준은 그 임수경의 둘째 오빠다. 임수경보다 여섯 살 많은 임용준은 어떤 사람이었을까?

'보호관심사병'으로 지정되다

임용준은 1981년 3월 연세대학교 사회심리 계열에 입학해 연세교육방송국 취재 기자로 활동했고 전두환 정권에 맞서 시위에 적극 참여하는 등 학생 운동을 했다. 그는 1981년 11월 25일 교내 시위와 관련해 서대문경찰서에 끌려가 조사를 받았다. 그 후 경찰 기관원들은 그를 사찰 대상으로 관리하기 시작했다.

임용준은 경찰에서 조사받고 훈방 조치된 후 학교 당국으로부터 경고 조치를 받았다. 연세대 당국은 '골치 아픈' 임용준이 학생 시위를 더는 안 하도록 그와 그의 가족에게 군입대를 권유했다. 그때는 '군대 가면 사람 된다'는 말이 돌던 시절이었다. 그 말은 군대 가면 체제 순응적 인간이 된다는 뜻이기도 했다. 결국 대학의 권유에 따라 그는 입대 휴학원을 제출한 후 1984년 4월 18일 군에 입대했다.

임용준은 논산훈련소에 입영해 4주간의 신병 훈련을 받은 후 그해 6월 2일 포병대대 포대로 배치되었다. 1980년대에는 특별한 결격 사유가 없는 한 서울대, 고려대, 연세대의 소위 SKY대 출신들은 군대에서 행정병이 되는 것이 일반적이었다. 그러나 그는 체격이 왜소하고 연세대에 재학 중이었는데도 행정병이 되지 못 하고 포대에 배치되어 주로 포 방열 훈련과 정비 등을 했다. 의문사위는 그의 죽음을 조사하면서 시위를 하다 군에 입대한 것이 행정병이 되지 못한 '결격 사유'가 된 것으로 추정했다.

의문사위 조사 결과에 따르면 당시 임용준이 복무하던 포대는 군기를 잡는다는 명목으로 고참병 10여 명이 거의 매일 졸병들을 구타했다. 특히 1주일에 1회 정도 '줄빠따'로 졸병들을 괴롭혔다. 그중에서도 그가 속해 있던 포반은 고참병 윤 아무개와 심 아무개가 졸병들을 심하게 괴롭혀 이른바 군기 잡기가 가혹하기로 악명 높았다. 윤 아무개와 심 아무개 등 고참병 10여 명은 무엇이든 트집을 잡아 졸병들을 집합시킨 뒤 쇠파이프, 곡괭이 자루 등을 휘두르고 주먹과 발로 때리며 1시간 정도 졸병들을 구타했다.

소속 대대에서는 임용준을 '보호관심사병'으로 관리했다. 보호관심사병이란 데모하다 군대에 끌려온 '말썽 많은' 대학생 출신 군인들을 말하는 것이었다. 그래서 신병 임용준은 자대에 배치되자마자 고참병들로부터 '군기가 빠졌다'는 이유로 무차별 폭행을 당했다. 더구나 고참병인 윤 아무개, 심 아무개는 임용준이 대학에 다니며 교련을 이수하고 입대해 병역 단축 혜택 대상자라는 것과 데모를 하다가 입대한 전력을 이유로 엎드려 뻗쳐 머리 박기(원산폭격) 상태에서 쇠파이프와 곡괭이 자루로 엉덩이를 때렸고, 군홧발로 허벅지를 때리고 주먹, 발, 철모로 가슴을 때리는 등 매일 가혹한 매타작을 벌였다.

집중된 표적화, 계속된 폭행

윤 아무개, 심 아무개는 맞고 있던 임용준이 고통을 참지 못해 몸을 비틀면 거의 히스테리로 보일 정도로 더 심하게 때렸다고 당시 그와 함께 군 생활을 했던 전우 열세 명 모두가 훗날 의문사위에서 일치된 진술을

했다. 특히 윤 아무개는 처음부터 임용준에게 훈련을
제대로 못한다는 것을 트집 잡아 수시로 욕설을 퍼부으
며 쇠파이프로 엉덩이를 5~6회씩 때리는 등 인간 이하
의 취급을 해 인격적인 모멸감을 느끼도록 했다. 심지
어는 임용준이 면회를 다녀온 후 물품을 상납하지 않는
다고 금품을 빼앗기도 했다.

체력이 약한 임용준은 이등병 시절 훈련을 무척 힘들
어 했고 심지어 훈련 도중에 실신한 적도 있었다. 그래
서 그는 고참들로부터 '고문관' 취급을 받았으며 수시
로 고참들에게 폭행을 당했다. 특히 윤 아무개와 심 아
무개에게 야전삽, 소총 등으로 닥치는 대로 구타를 당
해 임용준은 두 고참병 앞에서 '고양이 앞에 선 쥐처럼
덜덜 떨며' 공포에 질리곤 했다.

한편 임용준의 포대에서는 수시로 포 방열 훈련을 했
다. 이때는 무엇보다도 삽으로 땅을 빨리 파서 포를 신
속하게 설치해야 하는데 그는 체력이 약해 삽질을 제대
로 하지 못했고 이 때문에 더욱 심한 폭행을 당했다.

고문관으로 낙인 찍힌 임용준은 이른바 '줄빠따'만이
아니라 일상 생활에서도 고참들이 상습적으로 괴롭히
는 대상이 되었다. 연병장에 포대원들이 집합할 때 윤
아무개는 동작이 느린 그를 계속 따라가며 군홧발로 걷
어차곤 했다. 또 심 아무개는 그의 군기를 잡는다며 부
대원들 앞으로 불러냈는데 벌벌 떨면서 나갔다고 한다.
1984년 10월 1일에는 고참병들이 임용준을 포함한 일

병 진급자 10여 명을 신고식을 한다며 집합시킨 다음 엎드려 뻗쳐를 시킨 후 쇠파이프로 엉덩이를 구타했는데, 이때도 임용준은 주 표적이 되어 집중적으로 매를 맞았다고 전우들은 진술했다.

"나 이제 들어가면 못 볼 것이다"

의문사위는 임용준이 입대한 후 15일이 지난 1984년 5월 3일에 보안 부대(보안대) 배경분석관 박 아무개가 치안본부 정보기록실의 임용준 신원조사서를 열람한 것을 밝혀냈다. 또한 당시 임용준이 복무하던 보안 부대 포병반장 장 아무개는 "임용준이 보안 사령부(보안사)*의 관리 대상자는 아니라도 보안 부대 포병반에서 관리하는 4~5명 중에 포함되어 있었고 분기별로 보안 부대에 보고를 했다"라고 진술했다. 이런 점들을 고려하여 의문사위는 임용준이 보안 부대의 사찰 대상이었을 가능성이 있다고 추정했다.

임용준은 1984년 11월 2일 암호 수령을 위해 포대를 방문했다가 포대 행정반 정 아무개를 만났다. 정 아무개는 포대 창고에서 업무를 보고 있었는데 임용준이 내무반인가 상황실인가에서 나오는 것을 봤고, 그가 방한모 하나를 줄 수 있느냐고 해서 방한모를 주었다. 그때 임용준이 "나 이제 들어가면 못 볼 것이다"라고 말했다

* 2018년까지 기무사령부였으며 현재는 군사안보지원사령부.

고 밝혔다.

그리고 임용준은 1984년 11월 2일 오후 4시~5시경 자신의 근무지인 탄약고에 복귀했으며 당시 저녁 식사 시간이었는데도 혼자서 위병 근무를 나갔다. 당시 그와 같이 탄약고에 파견 근무 중이었던 문 아무개는 임용준이 위병초소에 혼자 근무중이었고, 자신은 소변이 마려워 취사장 위쪽의 산으로 올라가 볼일을 보고 내려오다가 근무 중인 그를 보았는데, 방한모를 쓰고 우로어깨총 한 상태로 양손을 호주머니에 넣고 위병초소 바깥에서 왔다 갔다 하고 있었다고 증언했다.

1984년 11월 2일 오후 5시 45분경 식당에서 저녁 식사를 막 시작하려던 임용준의 동료들은 '땅' 하는 단발음의 총소리를 듣고 모두 정문 초소로 달려갔다. 부대원들이 사고 현장에 도착했을 때, 철모가 벗겨지고 목에서는 피가 흐르는 그가 가슴을 벌렁거리며 숨을 헐떡이고 있었다. 총탄은 목 앞부분으로 들어가 목 뒤로 관통해 나갔으며, 사입구와 사출구 모두 1원짜리 동전 정도 크기였다.

동료 병사가 얼굴을 몇 번 때리며 "용준아"라고 불러보았으나 임용준은 알아들을 수 없게 무어라고 입을 벙긋거리고는 곧 숨을 거두었다. 당시 임용준은 소총 개머리판을 양다리에 끼우고 총의 몸통을 감싸안고 있었다. 분대장은 흔들어 보았으나 기척이 없어 사망한 것으로 판단하고 내무반으로 달려가 포대본부에 알렸다.

죽음의 현장

당시 사고 현장 실지 조사 결과 대공초소는 위병초소로부터 약 350m 떨어진 곳에 있어 그곳에서의 저격 가능성은 희박했다. 또한 사고 당시 대공초소 근무자도 없었으며 임용준이 단독으로 위병초소 근무를 서고 있었다. 파견분대장 외 7~8명의 동료 모두가 저녁 식사를 시작하려다 총소리가 나자 일제히 위병초소로 달려갔다. 그러나 위병초소 주변은 인가도 전혀 없는 곳으로 현장 부근에서 수상한 사람의 인기척을 목격한 사람은 전혀 없었다. 또한 당시 국립과학수사연구소와 국방부과학수사연구소는 임용준의 시신을 확인한 후 '타살 혐의를 발견할 수 없었다'는 소견을 밝혔다.

지난 2003년 의문사위는 임용준 분묘 개장을 통해 시체에 대한 국립과학수사연구소의 감정을 실시했다. 이때 목뼈 6번과 7번을 제외한 나머지는 모두 파손돼 형태를 재복구하기 어려운 상태였다. 또 파손된 목뼈에서 무연화약의 성분은 검출되지 않았으며, 흉추와 요추에는 부패에 의한 변화 외에 다른 손상으로 볼 만한 특기할 소견이 없었다. 두개골의 파손은 부패로 판단되었으며 뇌는 특별히 파손된 부분이 없었다. 결국 감정 결과 경추*의 손상은 확인되었으나, 사입구 및 사출구의 확정과 발사된 총탄 수의 확정은 확인이 불가능했다.

* 척추를 형성하는 뼈.

이러한 조사 결과를 바탕으로 2004년 의문사위는 임용준의 사망에 대해 아래와 같이 진상 규명 불능 결정을 내렸다.

"사망 10여 일 전 모친과 면회한 후 입대 동기에게 '사람이 죽으면 죽는 것을 인식할 수 있을까'라고 말한 점, 사고 당일 암호를 수령하기 위해 소속대인 2포대를 방문했다가 2개월 선임병인 정 아무개에게 '나 이제 들어가면 못 볼 것이다'라고 한 점을 고려하면, 임용준은 지휘관 등 간부들에 의해 묵인되는 고참병들의 비인격적인 대우 및 상습적인 구타 등으로 정신적 육체적으로 견디기 힘든 상황에 이르게 되어 자살한 것으로 추정되지만, 탄약고 파견 이후부터 임용준이 사망하기까지 그리고 임용준이 당일 출입한 대대 2포대와 사망 직전 탄약고에서 선임들에 의한 구타나 가혹 행위가 있었는지 여부는 확정하지 못하였다. 따라서 임용준이 위법한 공권력 행사에 의해 사망했는가에 대한 인과 관계를 인정하는 데에는 어려움이 있다."

"바로 다음날 만나기로 했는데 왜 자살하겠나?"

하지만 2003년 임용준의 동생 임수경 씨는 「오마이뉴스」와 한 인터뷰에서 이렇게 말했다.

"(오빠가 군에서 의문사 했을 때는 내가) 고2 때의 일이다. 6년 터울의 둘째 오빠가 죽었다는 소식을 들었다. 죽은 바로 다음날 가족이 면회를 가기로 해 오빠가 얼마나 좋아했는지 모르겠다. 그런데 군에서는 자살이라고 했다. 특히 오빠가 좋아했던 캐나다에 사는 고모도 함께 간다는 걸 알았다… 당시 유서는 나오지 않았다… 오빠가 죽은 바로 다음날 면회하기로 했는데 왜 자살하겠나?"[*]

운동권 대학생 임용준이 군에서 자살했는지 타살당했는지는 어떻게 보면 중요하지 않은지도 모른다. 중요한 것은 대학생 임용준이 시위를 하다가 군대에 끌려갔고 '물리적 폭력 수단을 합법적으로 독점하고 있는' 군대에서 우주보다도 소중한 생명을 잃은 것이다. 그런데도 군대에서는 이러한 한 젊은이의 비극적 죽음에 대해 아무런 책임을 안 진다. 그것이 전두환 군사 독재 정권 시절의 우리나라 군대였던 것이다.

[*] "단지 죽은 이유 만이라도 알았으면…", 오마이뉴스, 2003. 11. 19.

5. 1984년
"허원근은 타살됐다"
미국 전문가들은 사진에서 무엇을 봤는가?

허원근은 1962년 출생으로 1981년에 대학교에 입학하여 다니다가 1983년 육군에 입대했다. 그리고 그로부터 약 1년 후인 1984년 4월 2일에 군대에서 사망했다. 내가 1979년 대학 입학, 1981년 공군에 입대하고 1984년 제대했으니 그는 대략 나와 같은 세대다.

허원근은 1984년 4월 2일 오후 1시 20분쯤 강원도 화천군 육군 7사단 GOP 철책 근무지 전방 소대 폐유류고 뒤에서 가슴에 두 발, 머리에 한 발의 M16 총상을 입고 변사체로 발견됐다.

당시 7사단 헌병대는 허원근 일병이 처음에는 오른쪽 가슴, 두 번째는 왼쪽 가슴을 쏘아 자살을 시도했으며 마지막에는 오른쪽 눈썹에 밀착해 사격, '두개골 파열로 인해 사망한 것'이라고 허원근의 죽음을 자살로 결론내렸다. 하지만 유가족들은 부대 상관의 총에 맞고 죽었다는 타살 의혹을 계속 제기했다.

그로부터 18년 후인 2002년 8월 26일, 의문사위는 허원근 일병이 자살이 아니라 타살되었다고 발표했다. 이에 당혹스러워진 국방부는 8월 28일 군검찰과 헌병대 24명으로 특별진상조사단(특조단, 단장 정수성)을 꾸려 재조사에 나섰다. 군검찰사무관이었던 인길연 상사도 이때 특조단에 합류했다. 우리는 이 인길연 상사를 기억해야 한다.

당시 특조단은 의문사위에 사건 기록을 요구했다. 이에 의문사위는 2002년 9월 12일 사건 기록 전부를 특

허원근 사망 현장 사진 ⓒ의문사위 자료

조단에 넘겼다. 당시 인길연 상사가 이 기록을 인수해
갔다. 그리고 그해 10월 1일 의문사위는 조사 기록 일
체를 특조단에 넘겨주었다. 그런데 특조단은 약 한 달
후인 11월 28일에 허원근 일병이 자살했다며 의문사
위의 조사를 뒤집는 결론을 발표했다.

자료를 은폐한 국방부

그래서 다음 해인 2003년 10월 28일, 의문사위도 특
조단에게 허원근 조사 기록을 송부해 달라고 요청했다.
하지만 2002년 의문사위에서 특조단에게 자료를 건네
준 것과는 달리 특조단은 의문사위 자료 요청에 일절
응하지 않았다. 11월 20일에 의문사위는 특조단에 다
시 자료를 요청했고, 12월 13일이 되어서 특조단이 일
부 자료를 공개했다.
당시 특조단이 건넨 자료는 총 아홉 권, 2,574쪽 분

량이었다. 그러나 특조단이 조사한 126명의 진술 조서 두 권을 제외하고는 핵심 자료가 빠져 있었다. 특조단은 자료를 보관하던 캐비닛까지 열어 보여 주며 자료가 더 없다고 주장했다. 그때 의문사위 박종덕 과장이 특조단이 가지고 있을 자료 목록을 제시했다. 박 과장은 '장관 최초 보고서, 핵심 참고인 거짓말탐지기 검사 내용, 규명해야 할 쟁점' 등 조사 기록과 참고 자료 전부를 특조단에 요구했다. 의문사위는 특조단이 가지고 있는 자료를 꿰뚫고 있었다. 그 결과 2004년 1월 9일부터 특조단은 일부 자료를 의문사위에 추가로 건넸다.

당시 자료를 넘겨받은 의문사위는 분석 결과, 일부 특조단 조사관들도 허 일병의 타살 가능성을 염두에 두고 조사한 것으로 확인했다. 의문사위로서는 그나마 객관적인 시각을 지닌 특조단원을 파악한 것이고, 그 가운데 인길연 상사가 있었다.

인 상사는 허원근의 총기 번호가 수정되었다는 사실을 처음 밝혀낸 주인공이었다. 그래서 의문사위는 허일병이 타살된 증거로 사건 당시 시신 옆에서 발견된 허 일병의 총기 번호가 수정되었다고 발표했다. 허 일병이 자신의 총으로 자살했다는 그동안의 국방부 수사 결과를 뒤집을 만한 증거였다.

그 후 2004년 1월 27일 의문사위 정은성 조사관은 인 상사와 처음으로 통화했다. 첫 통화에서 인 상사는 "할 말이 없다"며 전화를 끊었다. 하지만 뭔가 할 말이 있다는 느낌을 받은 정 조사관은 약 보름 후인 2월 12일 대구로 내려가 그를 직접 만났다. 이때부터 정 조사관은 디지털 녹음기로 그와 나눈 대화를 전부 녹취했다.

첫 만남에서 인 상사는 놀랄 만한 사실을 털어놓았다. 특조단 내부 자료를 보관하고 있다고 밝힌 것이다. 인 상사는 자기 휴대전화를 꺼내, 휴대전화 카메라로 찍은 보관 중인 자료 사진까지 보여 주었다. 5년 후에 양심 선언을 하려고 자료를 보관했다는 말도 덧붙였다. 당시 의문사위 입장에서 그는 내부고발자나 다름없었다.

"허원근 사건 자료는 은폐 의혹 자료다"

다음날인 2004년 2월 13일, 정 조사관은 자료 제공을 요구했고, 인 상사는 그를 집으로 데려가 자료를 보여 주었다. 'DBS 파일'이라는 표지가 붙은 상자 두 개 분량이었다. 인 상사는 DBS의 "D는 Dirty, B는 Black, S는 Secret의 약자"이며 "은폐 의혹 자료"라고 설명했다. 또한 국방부 특조단이 참고인 박 아무개의 입을 막았으며, 의문사위가 확보하지 못한 시신 사진이 있다는 등 자료를 보여 주고 설명까지 해 주었다. 인 상사는 의문사위가 자신을 파견시켜 달라고 국방부에 요청하면 자료를 건네고 조사를 돕겠다고 했다.

그러나 그 후 인 상사는 매번 자료 제출을 거부했다. 그러자 의문사위는 2004년 2월 26일 실지 조사를 결정했다. 정은성 조사관이 인 상사 집에서 문제의 자료를 가지고 나가자, 이를 안 인 상사가 총*을 쏘며 반발했다. "나 죽는단 말야! 나 죽어 그거면!"이라며 의문사위 조사관에게 총을 겨누는 한편 자신의 머리에 총을 들이대고 자해를 시도하며 자료를 돌려 달라고 소리쳤다. 이 과정에서 그는 조사관의 얼굴 옆 허공을 향해 총을 쏜 뒤 수갑을 채웠다. 의문사위는 결국 인 상사에게 자료를 돌려주었다. 당시 인 상사는 군 내부로부터 신변의 위협을 받고 있다며 자료 제출을 거부했던 것이다.

총기 전문가들 "허원근은 타살당했다"

나는 2004년 1월부터 12월까지 의문사위에서 국영문 보고서 담당 전문 위원으로 근무했었다. 당시 업무 중 하나는 허원근 일병의 사망 사건을 조사중인 조사관들이 그 전 해인 2003년 11월 미국을 방문해 LAPD와 NYPD 강력계 형사 경력자들, 그리고 총기 전문가들과 면담한 영문 녹화 동영상을 한국어로 통역하는 일이었다.

그 동영상은 약 20시간 이상의 분량이었다. 나는 하

---

* 이 총은 나중에 소리가 나는 가스총으로 밝혀졌다.

루에 대략 한 시간씩 한 달 이상 그 동영상을 유심히 보며 미국 총기 전문가들과의 면담 내용을 한국어로 통역하여 녹음하였다. 이 20시간 이상 분량의 동영상을 꼼꼼히 본 사람은 아마 내가 유일한 사람일 것이다. 면담 내용을 영어로 통역하여 녹음하자니 자연히 그 내용 한마디 한마디에 대해 극도로 신경을 쓰고 집중할 수밖에 없었다.

당시 NYPD와 LAPD 강력계 고참 형사들, 총기 전문가들과 검시관들은 허 일병이 누구인지 전혀 몰랐다. 다만 허 일병 사망 사건 관련 사진 자료를 보고 그가 자살했는지 혹은 타살당했는지 여부를 증거물에 입각해 냉철하게 진단하는 것만이 그들의 임무였다.

NYPD와 LAPD의 총기 전문가 두 그룹은 각자 따로 진단을 내렸지만 둘 다 똑같이 허 일병이 타살되었다고 진단했다. 그리고 타살의 이유와 증거로 아래와 같은 세 가지 공통된 결론을 내렸다.

① M16 소총의 화력을 고려할 때 세 군데의 총상의 거리가 너무 멀다.
② 현장 사진에서 사체 주위에 핏자국과 골편骨片*이 보이지 않는다.
③ 처음 사건 현장에서 사체가 이동된 것으로 판단된다.

* 뼈가 부스러진 조각.

구체적 진술은 아래와 같았다.

"사체 주변에 피나 골편, 뇌 조직들이 보이지 않는 것
은 전혀 있을 수 없는 일이다. 이것은 즉 사체가
이동되었다는 것을 사진이 보여 준다."
_LAPD 과학수사부 현장감식반 체이스 최

"사체 주위에 피가 너무 없다. 머리에 총상을 입을 경
우 사체 주위에 피나 골편, 뇌 조직이 산재해야 하는데
현장 사진에는 전혀 보이지 않는다."
_NYPD 현장감식반 개리 R. 고뮬러

"자살했다면 총에 피가 묻어야 하는데 총에 피가 보
이지 않는다. 또한 자살했다면 총상의 각도를 볼 때 땅
에 총을 대고 쏴야 하는데 총 개머리판에 흙이 보이지
않는다."
_LAPD 과학수사부 총기감식반 라파엘 가르시아

"왜 총에 피가 묻어 있지 않은지 의문이다. 여러 번
자세히 들여다봤지만 여전히 보이지 않아 의문이다."
_재미 법의학자 노여수 박사

이렇게 LAPD와 NYPD 경찰국 총기 감식반과 현장
감식반 전문가, 관계자 들과 재미 법의학자는 허원근

일병이 군 복무 중 자살했다는 국방부 발표에 대해 반대 의견을 내놓았다.

그래서 이런 미국 총기 전문가들의 감정을 바탕으로 2004년 의문사위는 "당시 헌병대의 수사 결과대로 허 일병이 폐유류고에서 M16 소총을 이용하여 3발을 스스로 쏴 자살하였다면 사체 주위에 핏자국이 다량 발견되어야 당연하다"며 "헌병대 수사 기록에 있는 현장 사진에서는 전혀 핏자국을 발견할 수 없었다"며 "사체가 옮겨졌을 가능성이 크다"고 지적했다. 또한 "(허 일병이) 두부 총상으로 사망하였는 바, 골편 등 뇌 조직이 (파편으로 튀어야 하는데) 보이지 않은 것은 폐유류고가 사망 장소가 아닌 것을 입증하는 것"이라고 발표했다. 당시 헌병대 수사 기록에는 "사망자의 두부 좌전방 30cm~1m 일대에 골편이 산재해 있는 바, 동소가 사건 현장임을 입증한다"고 되어 있었기 때문이었다.

이외에도 의문사위는 "입수한 국방부 특조단 기록 가운데 당시 헌병대 기록에서 찾아볼 수 없는 현장 사진 두 장이 사건 발생 후 최초로 발견됐다"며 "국방부는 기타 사진과 기록이 존재하는지의 여부와 새로 발견된 사진 두 장에 대한 출처를 명백히 밝혀야 한다"고 촉구했다.

상식이 통하지 않는 사회를 보다

그러나 2013년 8월 서울고법 민사9부(부장판사 강민구)는 2심 선고에서 "M16 소총으로 흉부에 두 발, 머리에 한 발을 쏴 자살하는 데 큰 어려움이 없어 보인다"며 "같은 총상으로 자살한 사례가 있다"고 덧붙이며 허원근 일병 사건을 자살로 결론지었다.

이런 강민구 판사의 판결을 읽고 나는 이런 생각이 들었다.

'판사님이 군대는 갔다 오셨나?'

허 일병이 돌격소총인 M16을 자신의 우측 가슴에 한 발 쏘고, 그래도 안 죽자 다시 좌측 가슴에 한 발 쏘고, 또 그래도 안 죽자 세 번째로 다시 머리에 한 발을 쏘고 죽었다? 그래서 자살이다?

그러면 국방부는 이렇게 화력이 안 좋은 M16을 당장 교체해야 한다. 1미터도 안 되는 거리에서 세 발이나 발사해도 사람을 죽일 수 없는 총을 어떻게 우리 군인들이 안심하고 사용할 수 있겠는가?

만에 하나 허 일병이 자살을 원했다면 상식적으로 생각해 봤을 때 처음부터 머리에 쏘았을 것이다. 나는 군대에서 M16을 수도 없이 쏴 봤다. 이 총은 소리가 크고 반동도 심해서 보통 사람들은 총소리만 들어도 뒤로 자빠질 것이다. 그런데 자살할 사람이 먼저 우측과 좌측 가슴에 각각 한 발씩 두 발을 쏴 보고 그래도 안 죽자 머리에 한 발을 다시 쏘고 자살했다는 것은 상식적으로 도저히 말이 안 된다.

나는 강민구 판사가 M16으로 사망한 사망자들의 상처를 보았는지도 의문이 든다. M16을 가슴에 맞으면 등 쪽으로 주먹이 들어갈 정도로 큰 구멍이 난다. 그런데 그런 주먹 만한 총상을 두 번이나 입은 상태에서 다시 머리를 쏴서 자살했다는 주장은 군대를 다녀온 사람 중에 상식을 가진 사람이라면 전혀 납득할 수 없을 것이다.

다시 시간이 흘러 2015년, 드디어 대법원에서 판결이 나왔다. 대법원은 군 수사 기관의 부실 조사로 자살인지 타살인지 단정하기 어렵다는 결론을 내렸다. 자살이라는 2심에서의 황당한 판결보다 한 발 겨우 더 나아갔지만, 법이 내린 최후의 결론은 어정쩡하기 그지없었다. 결국 법정에서 허 일병 사건은 진실을 알 수 없다는 식의 의문사로 마무리되었다.

'내가 국방부라면'

국가 기밀은 30년만 비공개 상태로 보관된다, 그런데 개인인 장준하 사망에 관한 기록은 국가 기밀보다 중요한지 무려 70년간 비공개다. 박정희가 정말 장준하를 죽이지 않았다면, 나 같으면 당장 기록을 공개할 것이다. 그래서 기록을 읽는 사람들이 장준하가 과연 사고사로 사망했는지 아니면 박정희가 암살했는지 여부를 스스로 판단할 수 있도록 할 것이다. 그러나 그걸 판단할 수 있는 기록은 70년간이나 비공개로 두면서 장준하가 사고사로 사망했다고 주장한다.

허원근 사건도 마찬가지다. 국방부 특조단 인 상사가 허원근 일병 기록을 의문사위 조사관에게서 총을 쏘아대며 탈취해 갔다. 그러면서 허 일병이 자살했다고 했다. 내가 허 일병이 자살했다고 주장하는 국방부 관계자라면 허 일병 관련 모든 기록을 언론에 완전 공개할 것이다. 그리고 소리칠 것이다. "기록을 마음대로 보세요, 그리고 과연 허 일병이 타살당했는지 판단해 보세요!"라고 당당하게 말할 것이다.

상식이 실종되고 억지와 조작이 판을 치는 한국 사회, 그 모습이 정말 처량하다. 언제가 되어야 우리 사회는 상식이 통하는 건강한 사회가 될 수 있을까?

6. 1983년
"형의 머리를 저주한다"
스물한 살 청년 한영현의 슬픈 최후

나는 전두환 정권기인 1981년 7월부터 1984년 5월까지 공군에서 군 복무를 했다. 신병 시절 고참들은 수시로 내게 "고참은 하나님의 형님이자 성모 마리아의 기둥서방이다"를 큰 목소리로 몇 번씩 복창하도록 지시했다. '살기 위해' 고참들의 지시에 복종했던 기억이 지금도 생생하다.

한영현은 내가 군 생활을 한창 할 때인 1983년 4월 2일 운동권 학생으로 강제 징집되었다. 그리고 입대 후 불과 석 달 만인 그해 7월 2일 군에서 사망했다. 내 딸의 이름이 '영', 아들의 이름이 '현'이라 그런지 억울하게 생명을 잃은 '한영현'의 이름을 잊을 수가 없다. 한영현은 어떤 젊은이였을까? 그는 어떻게 해서 강제 징집된 지 3개월 만에 '두개골이 없는 참혹한 시신'으로 발견될 수밖에 없었을까?

경찰서에서 주시한 대학생

1962년 3월 1일에 출생한 한영현은 1981년 한양대학교 정밀기계학과에 4년 장학생으로 입학했다. 그는 학교 내 동아리인 민속문화연구회에 가입했으며 이어 대학 동아리들의 연합 조직인 전국대학생탈반연합에서 활동했다. 그는 학생들 간의 세미나를 통해 1980년대 전두환 군사 독재 정권하에서 한국 사회의 구조적인 문제점들을 토론했고, 학내외의 여러 집회에 참석하는 등 반독재 민주화 운동에 적극 참여했다. 1982년부터는 인문과학연구회 후배들의 세미나를 조직해 지도했으며, 부천에서 노동자 대상 야학 교사로 활동하기도 했다.

적극적인 활동의 결과, 한영현은 성동경찰서에 '문제학생'으로 등록되어 특별 관리 대상이 되었다. 1980년대 전두환 정권기는 이웃이나 사회 문제에 관심을 갖고 적극적인 학생들이 문제 학생으로 분류되는 '이상한' 시절이었다. 당시 성동경찰서의 '특별동향 관리기록카드', '한양대학교 문제 학생 현황'에 따르면 그는 A급, 즉 주동자급 문제 학생으로 선정, 관리되고 있었다.

1983년 1월, 성동경찰서는 부천 야학에서 활동한 한영현의 선배를 조사하던 중 한영현의 이름을 발견했다. 그리고 그 다음 달인 1983년 2월 중순 어느 날, 성동경찰서는 한영현을 강제로 끌고 가 고문 조사를 시작했다.

늑막염 환자도 강제 징집

한영현은 당시 성동경찰서에서 2~3일간 자신의 의식화 과정과 사회 활동 내용 등에 대해 가혹한 조사를 받았다. 그리고 한 달 반 후인 1983년 4월 1일 병무청에서 신체검사를 받게 되는데, 늑막염으로 군대에 갈 수 없다는 진단을 받는다. 그런데 그 다음 날인 1983년 4

월 2일에 그는 청량리경찰서에서 오라는 전화를 받고 나간 후 행방불명이 되었다. 경찰서에서 추가 조사를 받고 부모님이나 가족들에게 연락도 못한 채 강제로 군에 끌려간 것이다. 강제 입대된 그는 훈련소에도 가지 못하고 1983년 4월 10일부터 18일까지 군 수사 기관에서 그간의 활동에 대해 진술해야 했다.

의문사위는 1983년 한영현이 강제 징집된 정확한 이유나 경위에 대한 관련 기록을 보안 사령부나 국방부 등을 통해 찾고자 했다. 하지만 해당 기관들의 비협조로 관련 기록을 찾을 수 없었다. 그러나 그의 병적기록부를 확인한 결과, 자원 휴학-징병 검사-입영 통보-입영으로 진행되는 대학생들의 정상적인 입영 절차와 달리 그는 합법적 징병 검사 절차 없이 입대가 결정되고 입영된 것이 확인되었다.

한영현은 춘천 103보충대를 거쳐 육군 신병 교육대로 전입했고, 이곳에서 1983년 5월 7일까지 신병 훈련을 받기로 되어 있었다. 그런데 군 수사 기관에서 조사를 받고 나와 19일 하루 훈련받은 뒤 4월 20일부터 27일까지 훈련소에서 모습을 감추었다. 훗날 의문사위 조사 결과에 따르면, 이 기간에 그는 육군 보안 부대에서 특수학적변동자*로 가혹한 조사를 받으면서 입대 이전 운동권 활동 내용과 동료들에 대한 진술을 강요당했다.

당시 한영현 조사를 담당했던 한 장교는 "일반적으로

* 시위하다가 강제 징집된 자.

강제 징집된 병사들을 심사장교가 세운 계획에 의해 소환 심사하는 것과 달리, 보안사의 지시에 따라 신병 훈련 중인 한영현을 심사했다"고 훗날 의문사위에 진술했다. 보안 부대에서 특수학적변동자에 대한 이른바 '심사'는 우선 의식화 과정이나 운동권에서의 활동, 함께 활동한 동료 등에 대한 진술서를 작성하게 하는 것에서부터 시작했다. 한영현도 이런 진술서를 작성했던 것으로 추정된다.

당시 한영현과 함께 강제 징집돼 심사를 받고 있던 지 아무개는 1983년 4월 20일 보안 부대 조사실에서 한영현이 조사받고 있을 때 한영현이 작성한 진술서를 보았는데, 많은 양의 이 진술서에는 한양대 서클, 기독학생연맹KSCF, 국제연합학생연맹UNSA 등과 비밀 서클 등에 관한 사항이 너무 많이 기록되어 있어 놀랐다고 했다. 특히 장교가 작성한 두 장 분량의 의견서에 "이것은 제2의 학림·무림사건*이고 관련자에 대해서는 광범위하게 다시 한번 조사할 필요가 있다"는 내용이 기재되어 있었다고 했다.

지 아무개가 한영현에게 진술서에 '왜 이렇게 많은 내용을 적었느냐'고 묻자, 그는 "구로·인천 지역에서 한

---

* 무림사건은 1980년 12월 11일 서울대학교 도서관 앞에서 '반파쇼 학우투쟁 선언문'을 발표한 학생들을 북한 사주를 받은 간첩으로 몰아 고문 조사하여 9명을 구속하고 90여 명을 강제 입대시킨 사건이며, 학림사건은 1979년 12·12군사반란에 대한 반발로 결성된 운동권 단체인 전국민주학생연맹(전민학련)과 전국민주노동자연맹(전민노련) 회원들을 1981년에 영장 없이 불법 감금한 상태에서 수사 및 고문하여 공산주의자라는 자백을 강요한 사건이다.

야학 활동을 발설하면 야학회의 연합 모임, 노동자들과의 연계 등이 더 문제가 될 것 같아 공개된 학생 운동 쪽을 진술했고, 그중에서도 학교에서의 서클 활동은 별 문제가 되지 않을 것으로 생각했다고 말했다"고 한다.

지 아무개는 전역 후 진술서에 이름이 여러 번 나온 학생들에게 경고하기 위해 학교로 갔고, 이들과 나눈 대화를 통해 한영현의 진술서 내용이 모두 사실이었다는 걸 알았다고 했다. 지 아무개는 당시 보안 부대에서 만난 한영현이 매우 불안하고 의기소침해 있었다고 증언했다.

철사로 심하게 맞은 듯 피멍이 선명했던 팔

의문사위 조사에 따르면, 한영현은 1983년 6월 중순 군에서 휴가를 나왔을 때 만난 선배에게 보안 부대에서 조사를 받으면서 야학과 관련된 부분은 말할 수가 없어 불가피하게 학교 운동권 계보를 진술할 수밖에 없었다고 말했다. 당시 휴가 중인 그를 만난 한 대학 친구는 그의 팔이 철사로 심하게 맞은 듯 피멍이 선명했다고 의문사위에서 진술했다.

또 휴가 중 만난 대학 친구에게 한영현은 "정신력으로 모든 환경을 버틸 수 있다고 생각되나 자신이 없다, 나로 인해 너무나 많은 사람이 피해를 볼 것이며 81학 번뿐만 아니라 72학번까지도 여파가 미치는데 아마 커다란 배가 침몰할 것이다"라는 말을 남겼다고 한다. 진술을 종합해 보면, 그는 보안 부대에서 조사를 받으면서 자신의 입대 전 활동 사항과 한양대 서클에 대해 상당 부분 진술한 것으로 추정된다.

당시 보안사는 사단 보안대에서 강제 징집된 병사들에 대한 조사가 끝난 다음에도 이들을 소환해 조사했다. 특히 이 과정에서 이른바 '활용'이라는 명목으로 병사들을 프락치(첩자)로 이용해 더 많은 정보를 얻어 내고자 했다. 이럴 경우 사단 보안대는 대상자에게 특별 휴가를 주고 서울 보안사로 찾아가라고 지시했는데, 한영현도 활용 대상에 포함돼 보안사의 특별 지시에 의한 휴가를 받게 되었다. 훗날 몇몇 보안사 퇴직자들은 1983년 당시 보안사에서 직접 그를 조사하고 휴가 기간 중 운동권 동료 학생들에 대한 정보를 수집하기 위해 '활용'했음을 인정했다.

이렇게 한영현은 보안사 요원이 계속 감시하는 가운데 학생 운동권에 대한 동향 파악과 정보 수집을 강요받았다. 김 아무개는 의문사위에서 당시 그가 휴가를 나와 '야학을 같이 한 사람들의 동향을 파악해 오라'는 지시를 받았으며, 학교 선후배에 대한 프락치 활동을 강요받고 심하게 괴로워했다고 진술했다. 또 보안사 요원들이 계속 따라다니면서 감시하자 버스를 몇 번씩 갈아타면서 그들을 따돌려야 했고, 매일 일지를 작성해 보안사에 제출해야 했다고 했다. 당시 성동경찰서 형사들도 휴가 기간 중 거의 매일 그를 만났는데, 그때마다 보안사 요원들이 동행했다고 한다.

결국 한영현은 자신의 진술로 많은 동료와 선후배들이 연행되었다고 생각하고 죄책감에 시달렸으며, 보안사의 프락치 활동 강요에 절망감과 갈등에 빠져 있던 것으로 추정된다. 당시 친구에게 보낸 편지에 "나 때문에 다른 사람들이 피해를 보게 되었고 너무나 고통스러워 죽을 것 같다, 죄책감으로 죽고 싶다"고 고백했으며, 휴가 중 친구들과 만났을 때도 계속 한숨을 쉬고 담배를 피우면서 "이것이 마지막 만남이 될 것"이라고 했다. 권 아무개는 그가 "보안 부대에서 조사를 받으면서 학내 운동권의 계보를 진술할 수밖에 없었는데, 운동권 후배로부터 '형의 머리를 저주한다'는 내용의 편지를 받았다"며 죄책감에 시달렸다고 진술했다.

의문사위는 결국 한영현이 당시 보안사에 의해 시행되었던 이른바 '녹화사업'*의 일환으로 조사 이후의 활용 단계, 즉 프락치 공작의 대상자로 휴가 등을 통해 한양대 운동권 조직과 학생 동향에 대한 정보 입수 지시를 받았으며, 보안사의 강압적 수사와 함께 이런 프락치 공작으로 인해 심각한 갈등과 정신적 부담을 가지고 있었다고 추정했다.

---

* 1980년대 전두환 정권이 운동권 대학생을 강제 징집케 프락치, 즉 첩자로 활용하려 한 공작.

끝없는 자책 끝에 결정한 절망

한영현은 당시 친구에게 자신이 받은 조사에 대해 "남산으로 올라가는 입구에 있는 호텔에 끌려가 일주일가량 조사를 받았다. 처음에는 눈을 가리고 가서 어디인지 몰랐는데 나중에 보니 아스토리아호텔이었고, 어떤 조직의 그림이 이미 그려져 있었다"고 말했다.

또 동료 김 아무개도 군대로 귀대하는 버스 안에서 한영현이 "처음에 갔더니 엄청나게 공포 분위기를 만들더라, 보안대에서 얘기를 하다 보니 무서워서 어쩔 수 없이 말렸고 많이 불었다"고 하는 것을 들었다고 했다. 또한 당시 보안 부대에서 같이 조사를 받았던 아무개도 그의 가슴과 무릎에서 멍 자국을 보았다고 훗날 의문사위에서 증언했다. 보통 녹화사업 당시 보안 부대와 보안사에서 조사받았던 강제 징집된 병사들이 강압적인 분위기에서 구타나 고문을 당하는 것이 빈번했던 점을 고려하면, 매우 억압되고 공포에 질린 상태에서 조사를 받았음을 추정할 수 있다.

한편 한영현의 소속 부대는 1983년 6월 27일부터 7월 2일까지 군사 훈련을 했다. 훈련 중인 1983년 7월 1일 한영현은 분대원들과 함께 벙커에서 철야 훈련을 했다. 다음 날인 1983년 7월 2일 오전 6시 훈련이 종료되고 분대원들은 복귀 명령을 기다리게 되었다. 마침 그날 비가 내려 한영현의 소속 분대원들은 벙커 옆에 텐트를 치고 그 안에서 대기하면서 오전 8시 30분경 중대 막사에서 가져온 아침 식사를 했다. 이때 제일 멀리 떨어진 벙커에 있었던 박 아무개와 남 아무개는 밥 먹으라는 말을 듣고 오다가 총과 군장을 한영현이 있던 벙커에 놓고 왔다.*

아침을 먹고 난 후 분대장에게 한영현은 용변을 보고 싶다고 했다. 분대장은 비가 그친 다음에 가라고 했지만, 그는 못 참겠다며 다시 일어나 분대장에게서 라이터를 빌린 후 텐트 밖으로 나갔다.

분대장의 진술에 따르면 한영현이 나간 뒤 5분도 채 되지 않아 쾅 하는 소리가 났다고 한다. 분대장은 직감적으로 사고가 났다는 생각이 들어 제일 먼저 뛰어나갔는데, 앞쪽에는 별다른 이상이 없어 바로 앞에 있는 벙커로 뛰어 들어갔다고 한다. 매우 좁은 벙커 속에는 한영현이 벽면에 비스듬히 기대앉아 있었으며, 분대장이 뛰어가서 얼굴을 잡았더니 머리 뒷부분이 심하게 파열된 상태로 사망해 있었고, 사체를 확인해 보니 두개골이 없는 참혹한 모습이었다고 한다.

조작, 또 조작

의문사위는 한영현이 결국 죽음을 선택할 수밖에 없게 된 것은 강제 징집과 보안사의 녹화사업 때문이라고

* 다른 분대원들은 총을 텐트 내에 쌓아 두었다.

판단했다. 보안사 조사 과정에서 학생 운동 조직과 함께 활동한 친구들에 대한 진술을 강요받았던 그는 자신의 진술 때문에 운동권 친구가 구속되고 활동했던 서클이 와해되었다고 생각해 심하게 자책했다. 이런 심정은 휴가 중 만났던 친구들과 나눈 대화, 부대에 복귀한 후 친구에게 보낸 편지 등에서 이미 나타나고 있었다.

특히 보안사의 프락치 공작으로 휴가를 나온 한영현은 친구들을 통해 실제 학내 상황에 대해 알게 되면서 더욱 죄책감과 절망감을 느끼게 됐다. 게다가 친구들의 최근 동향에 대한 정보 입수를 계속 요구받으면서 이를 거부하기 힘든 상황에 이르러 자살에 이르게 된 것으로 의문사위는 추정했다.

한양대학교에 세워진 고 한영현 열사 추모비 ⓒ의문사위 자료

한편 당시 중대장으로부터 한영현 사망 사실을 보고받은 대대장은 그가 다른 사람의 총기로 사망한 사실이 밝혀지면 부대 관리 책임자들이 문책을 받게 될 것을 우려해, 중대장에게 "한영현이 본인의 총으로 사망한 것으로 했으면 좋겠다"고 말하는 등 사실상 총기를 변경해 현장을 조작할 것을 지시했다. 또한 중대장 이하 부대원들은 상급자인 대대장의 부당한 지시를 거부하지 않고, 한영현의 총기를 가져다가 허공에 한 발 발사한 후 사망 현장에 가져다 놓는 등 현장을 조작했다.

앞서 말했듯 한영현은 보안사에 불려와 프락치 활동을 강요받으면서 자신의 진술로 운동권 조직이 와해되고 친구들이 자신을 기피하는 것을 보고 갈등 끝에 결국 자살의 길을 택할 수밖에 없었던 것으로 강력하게 추정된다. 하지만 군 수사 기관은 한영현이 불우한 가정 형편 등으로 삶을 비관하다 자살한 것으로 사건을 조작했다.

1차 세계대전을 직접 겪은 레마르크는 『서부전선 이상 없다』에서 소우주와 같은 한 젊은이, 어느 집 귀한 아들이 군대에서 소중한 생명을 잃었지만 군 보고에는 '서부전선 이상 없다'로 기록되는 비정상적인 상황, 비인간성과 광기를 고발한 바 있다. 하지만 전두환 정권기의 우리나라 군대는 여기에 더해서 망자의 죽음을 온갖 조작으로 더럽히는 악행도 서슴지 않았다.

7. 1983년
고려대생 김두황의 이상한 죽음
그리고 조작된 정보들

2019년 12월 20일, 나는 미국 시카고에 살고 있는 초등학교 동창 장 아무개로부터 이메일을 받았다.

"김두황이라고 고려대 80학번으로 사회대 학생장 하던 후배가 있었다. 그 후배가 1982년 초여름에 내가 근무하던 춘천 103보충대에 '특수지원자'로 (대학 시위 중 녹화사업으로 군대에) 끌려왔다. 마음이 아파 내가 그 녀석 머리를 밀어 준 기억이 생생하다. 그 후 1984년 내가 전역하고 대학에 복학해서 보니 학교 대자보에 후배 김두황이 군에서 의문사했다고 녀석의 사진이 보이더라…."

나는 장 아무개에게 "두황의 머리를 밀어준 기억이 생생하다"고 했는데 그게 무슨 뜻인지, 또 어디 후배인 지 물어봤다. 그는 내게 이런 답장을 보내왔다.

"김두황은 내 고등학교 후배다. 내가 1979년 졸업생이고 두황이가 1980년 졸업생이지. 1982년 초여름 밤 내가 근무하던 춘천 103보충대에 45인승 버스에 후배 김두황을 포함해 2~3명 대학생들을 강제 징집시키려 병무청 직원 5~6명, 경찰 2~3명 함께 새벽 1~2시경 도착했다. 미리 춘천 보안 부대 중사가 우리 부대에 와서 대기하고 있었지. 그 보안 부대 중사는 김두황의

김두황 ⓒ의문사위 자료

병적기록카드를 급조해 와 이름과 생년월일이 적힌 상태로 가지고 왔었어. 그전에도 몇 번 그런 비슷한 일들이 있었지. 내가 보충대 인사과 병력 분류 담당이어서 그 부대에 오는 병력은 모두 내 손을 거쳐 가야만 했지. 그 병적기록카드는 일반적인 입대 병력과 달리 이름과 생년월일, 학력이 적혀있고 오른쪽 상단에 빨간색 고무인으로 '특수 지원'[*]이라고 찍혀 있었어. 그 친구들은 입대 전 신체검사도 생략하고 데모하다가 갑자기 군대에 끌려왔지. 그래서 내가 키와 체중 이런 것을 그 친구들에게 그냥 물어보고 카드의 빈칸을 채우는 식으로 입영 전 신체검사를 군부대 현지에서 대신했던 거야.

병무청 직원과의 병력 인도 인접이라고 불리는 병력 인수가 끝나고 병무청 직원들이 다 돌아간

---

[*] 대학에서 시위를 하다가 강제 입영되면 이렇게 표기되곤 했다.

후에, 나는 김두황 등에게 왜 갑자기 군대에 끌려오게 됐는지를 물어보는 과정에서 김두황이 고려대학교 사회대 학생장이었는데 당일 날 시위 중에 경찰에 검거되었고, 바로 그날 밤에 춘천 소양댐 아래 103보충대에 끌려왔고, 이력을 보면서 내 고등학교 후배인 줄 알게 된 것이지. 그래서 특히 맘이 안돼서 대학생 머리 그대로인 채로 끌려왔기에, 어차피 군대에서 머리를 개 취급당하며 밀어 버릴 게 뻔하니까, 측은지심으로 후배 머리를 부대 이발소에서 새벽에 내가 직접 밀어 주고 전방 사단 신병 교육대에 보내게 된 거지.

특수지원자는 전방 부대에 배치하게 되어 있었고, 전방 부대는 GOP*라고 부르는 비무장지대 바로 앞에 근무하는 전투 사단과 바로 그 뒷 선에서 전투 사단을 대치하는 교육 사단이 있는데, 그 친구들은 무조건 철책선 근무를 하는 전투 사단에 배치하게 되어 있었어. 배치된 후에는 해당 전방 사단 보안 부대에서 일거수일투족을 감시하게 되어 있었지. 전방 사단 보안 부대의 중사 정도가 전투 사단의 사단장과 맞먹을 정도의 힘을 발휘하던 개같던 시절이었지.

그 후 잊고 지내다가 제대 후 1983년 가을 학기 복학

---

* 일반 전초General Outpost. 주력 부대의 선방에 배치되어 적을 관측하거나 기습으로부터 보호하는 역할을 한다.

후 학교 대자보에서 바로 내가 직접 머리 깎아 주던 두황이가 군대에서 의문사한 몇 명의 사진과 함께 있어서 큰 충격을 받았지. 한동안 밥이 목에 안 들어가더라. 당시에 내가 다니던 대학교에서 전두환 정권에 대한 반대 시위가 제법 있었어. 그래서 내가 몇 번이나 양심선언 하려고 고민하다가 결국 그냥 접었었어. 그래서 지금도 항상 김두황 등 그 후배들에 대해 마음의 부채가 남아 있다."

동창의 이메일을 읽으며 너무나 마음이 무거웠다. 김두황과 동시대를 살았던 우리 세대. 대학에서 시위 중 군대에 끌려온 그들은 '특수지원자'로 1980년대 전두환 정권 아래서 20대 초반의 젊은 나이에 억울하게 목숨을 잃었다. 그러나 나를 포함한 다수는 어느덧 환갑을 맞이하는 나이가 되었다. 이러니 우리 세대는 모두 김두황과 같은 녹화사업 희생자들에게 씻을 수 없는 마음의 부채가 남아있다. 그 시대를 살아남은 내가 그에 대해 할 수 있는 최소한의 참회는 그의 짧은 삶과 억울한 죽음에 대해 묵묵히 기록이라도 남기는 것이라고 생각한다.

"김두황의 신음소리와 절룩거리는 모습"

김두황은 1980년 3월 고려대학교 경제학과에 입학

해 '현대철학회'에 가입했고, 이후 '5·18 광주민주화운동 계승', '전두환 군사 정권 퇴진', '민주 정부 수립' 등을 주장하며 각종 집회와 시위에 참여했다.

1981년 여름에는 서울 구로 지역 노동 현장에서 활동했고, 그 후 고려대 현대철학회 총책임자로서 후배들의 조직 관리, 신학기 투쟁 방향 수립, 지하 학생 운동 조직과 학회 지도를 담당했다. 1980년 말경에 김두황은 서울제일교회 대학생부 세미나 팀에 참여해 일주일에 1~2회가량 사회과학 서적을 읽고 토론했다.

김두황은 1983년 3월 15일에 '83년 1학기 시위 모의 사건(일명 3·7사건)'과 관련해 성북경찰서에 연행되어 조사를 받았다. 당시 그와 함께 조사를 받은 한 아무개와 양 아무개는 본인들이 "성북경찰서에서 조사받는 과정에서 바늘로 찌르기, 물고문, 경찰봉을 허벅지에 끼우고 얼굴을 때리는 고문 등을 수없이 당했으며, 김두황에 대한 구타나 가혹 행위를 직접 목격하지는 못했으나 김두황의 신음소리와 절룩거리는 모습을 보았다"고 훗날 의문사위에서 진술했다.

당시 성북경찰서 정보과 학원팀장 반 아무개도 "당시 운동권 학생들에 대한 일부 가혹 행위가 있었으며 김두황에게도 구타와 가혹 행위가 있었을 것이다"라고 했다. 그때 성북경찰서로 연행되어 조사를 받았던 이 아무개와 윤 아무개도 구타와 가혹 행위를 당했다고 훗날 의문사위에서 진술했다. 이렇게 김두황은 성북경찰서에서 고문과 가혹 행위를 사흘간 당하면서 조사받은 다음, 1983년 3월 18일 강제 징집 조치되어 춘천 103보충대로 입대했다.

김두황은 훈련단에서 신병 교육을 마치고 1983년 5월 4일 자대로 전입했다. 그는 훈련단에서 신병 교육 수료 시에 훈련단장의 표창을 받는 등 훈련 성적이 좋았으나, 강제 징집자는 철책 지역에 배치하고 주특기는 소총수만 부여하는 방침에 의해 소총수로 배치되었다.

당시 동료들의 증언에 따르면, 군대에서 김두황은 말수가 적은 편이었으나 자신의 처지를 비관하지는 않았으며, 특수학적변동자라는 신분상의 특이점 때문에 행동거지를 조심하며 소대 서열에 나름대로 적응하려고 했고, 고참병이 부르면 복창을 크게 하고 재빠르게 뛰어가는 등 이등병다운 모습을 보였다. 소속 부대 지휘관과 병사들도 그가 특수학적변동자라는 사실을 알고 있었으며, 그 자신도 이를 주위에 숨기지 않았다.

의문사위 조사에 따르면, 당시 대학 서클 동료들이 김두황에게 보낸 편지는 봉투가 뜯긴 채로 전해졌고, 편지 내용을 부대원들이 알고 있었을 것으로 판단된다.

머리는 총탄에 부서져 몸통만 남았다

헌병대 수사 기록에 따르면, 1983년 6월 18일 강제 입대한 지 3개월 된 김두황은 전우들과 함께 매복 근무

중에 소변을 본다며 매복호 밖으로 나가 7m쯤 떨어진 곳에서 밤 11시 35분경 M16 소총을 연발로 머리 부분에 네 발을 발사해 사망했다고 했다. 그의 사체는 머리 부분이 총탄에 부서져서 아예 없어지고 몸통만 남았다. 그런데 의문사위 조사 결과, 사건 발생의 일시·장소·경위 등 모든 면에서 사실과 다른 점과 의혹 들이 발견되었다.

김두황과 함께 생활한 소대원들의 진술을 종합하면, 소대 내에서 하사와 사병들 간의 갈등이 있었으며 고참병들의 군기 교육이 상존했다. 당시 황 아무개 보급병은 의문사위 진술에서 "김두황으로부터 '고참들이 괴롭힌다', '매복 근무에 나가 그곳에서 고참병들이 의례적으로 군기를 잡는다'고 전해 들었다"고 말했다. 이런 정황을 고려해 볼 때 김두황이 부대 내에서 고참들로부터 구타 등을 당했을 가능성을 배제할 수 없다. 따라서 사건 당일 매복 근무에 투입된 후 구타 끝에 사망했을 가능성도 배제할 수 없으나, 의문사위는 보안대의 비협조로 이에 부합되는 증거를 확보하지 못했다.

또한 김두황은 다른 특수학적변동자와 마찬가지로 분대장, 소대장, 중대장 등으로부터 동향 관찰을 받았고, 정기적으로 중대장은 대대장에게, 대대장은 연대장에게 동향 관찰 내용을 보고하고 면담 기록을 작성했다. 그리고 대대 보안대 주재관, 연대 보안반장이 수시로 부대를 방문해 그의 근황을 파악한 것으로 판단된

다. 당시 소대원 박 아무개와 보안반장 이 아무개, 보안
부대 운용과장 황 아무개의 진술에 의하면, 그에 대한
동향 관찰은 보안 부대로 보고되었으며, 대대본부나 중
대본부 등지에서 보안 부대 관계자가 그를 직접 만나기
도 했다.

당시 대대 군수과 황 아무개는 김두황으로부터 '입대
전에 학생 운동에 참여한 동료들의 명단을 요구받았다'
는 말을 들었다고 훗날 의문사위에서 진술했다. 이는
보안사나 보안 부대 차원에서 그에 대한 심사와 녹화사
업이 진행되었음을 추정케 한다. 특히 당시 경찰과 보
안 사령부는 김두황의 소속 서클인 현대철학회를 집요
하게 추적하는 한편, 학생 운동권 팸플릿과 관련된 수
사를 광범위하게 진행하고 있었다.

의문사위 "사인 조작했다는 의혹 짙다"

김두황의 사망 원인이 보안사의 녹화사업으로 인한
것인지, 부대 사병들에 의한 가해로 인한 것인지는 밝
혀지지 않았다. 강제 징집된 후 동향 관찰·녹화사업·고
참들의 구타 등으로 인한 간접적인 원인이 작용한 것인
지도 확인할 수 없었다.

그러나 비록 김두황 사망의 직접적인 원인과 사인은
밝혀지지 않았으나 과거 헌병 수사 기록의 사건 발생
일시, 사망 장소, 사체의 총알 자국, 매복 근무와 관련

한 유 아무개와 김 아무개의 허위 진술, 소대장의 매복 근무자 인솔과 순찰 등 사건 실체가 조작되었음을 입증하는 근거들이 의문사위 조사 결과 상당 부분 확인되었다. 또한 의문사위는 헌병대가 김두황의 유서를 조작했다는 사실을 밝혀냈다. 의문사위는 민간 감정 전문가에게 그의 유서로 제시된 글 '끝'과 자대 배치 직전 보안사 사무소에서 쓴 '나의 성장기'의 필적 감정을 의뢰해 '다른 필적'이라는 소견을 얻어냈다. 그리고 탐문 조사를 통해 헌병대가 유서라고 주장한 것이 실은 김두황과 고려대 현대철학회에서 학생 운동을 함께했던 동료가 보낸 편지에 첨부한 김지하 시인의 '끝'이라는 시였음도 밝혀냈다.

헌병대는 사건 발생 장소도 조작한 것으로 드러났다. 애초 헌병대는 3분초 인근*을 사건 발생 장소로 지목했다. 하지만 의문사위가 당시 보안 부대 보안계장, 보안과장, 대대장, 인사장교, 소대장, 운전병, 소대원 등의 진술을 종합한 결과, 사건은 김두황의 근무지 인근에서 발생한 것으로 드러났다. 즉 당시 군 당국이 "김두황의 시체를 유기하고 사인을 조작했다는 의혹이 짙다"고 의문사위는 판단했다.

그럼에도 김두황 의문사의 자·타살 여부에 대한 결정적 증거를 확보하지 못한 의문사위는 김두황 사건을 '진실 규명 불능'으로 결정해야 했다.

* 의문사위가 사건 장소로 지목한 곳으로부터 1.5km 떨어진 장소.

막내아들이 그렇게 가 버리자…

김두황은 6남매의 막내아들이었다. 강제 입대한 지 3개월 만인 1983년 6월 18일 머리가 부서지고 몸통만 남긴 채 의문사한 막내아들의 죽음에 망연자실한 김두황의 부모들. 그들은 그다음 해인 1984년과 1986년에 잇따라 세상을 떠났다.

김두황이 의문사한 뒤 1년 남짓 지났을 때였다. 1984년에 그의 부친은 어느 날 집 안에서 창밖을 내다보고 있다가 허수아비처럼 푹 쓰러졌다. 곧 병원으로 옮겨졌지만 말을 못하고 두 눈만 뜨고 있었다. 그렇게 보름 정도를 누워 있다가 유언 한 마디 남기지 못하고 눈을 감았다.

김두황의 모친이 세상을 떠난 것은 그의 부친이 사망한 후 채 두 해가 못 되어서였다. 청주에 살던 모친은 1986년에 김두황의 6월 18일 기일에 맞춰 서울에 올라오려고 채비를 하던 중이었다. 목욕탕에 들어간 모친이 나오지 않아서 김두황의 형, 큰아들이 들어가 보니 모친은 구석에 웅크린 모습으로 숨이 끊어져 있었다.

모친의 유품을 정리하면서 남은 가족들은 또 한 번 통곡을 터뜨렸다. 김두황의 부친이 사망한 후 모친이 식음을 전폐하고 막내아들 김두황의 사진만 하루 종일 눈이 뚫어지게 바라보는 것이 가족들은 큰 걱정이 되었다. 그래서 가족들은 그의 사진을 모친의 눈에 띄지 않

김두황의 모친이 그린 김두황 그림 ⓒ의문사위 자료

게 감춰 버렸다.

김두황의 모친은 막내아들 사진을 구할 수 없게 되자, 머릿속에 있는 아들의 모습을 떠올리며 몰래 종이에 그림을 그리기 시작했다. 얼마나 그리고 또 그렸던지, 처음에는 서툴렀던 모친의 그림 솜씨가 나중에는 거의 김두황을 쏙 빼닮게 그릴 정도로 늘어 있었다.

2004년 6월 8일, 의문사위는 김두황 사건에 대한 기자 회견을 열었다. 이 자리에서 1980년 초 김두황과 함께 고려대 현대철학회 활동을 하다가 강제 징집된 양창욱 씨는 이렇게 증언했다.

"김두황은 강제 징집 후 훈련단장에게 상을 받을 만큼 군 생활을 잘했다. 낙천적인 두황이가 자살했다는 것은 상상할 수 없는 일이다. 두황이는 고려대 학생 운동권의 핵심이었기 때문에 보안사에서 집요하게 조사를 했을 것이다."

김두황의 당시 부대 동기인 황희동 씨는 사망 직전까지 김두황과 이야기를 나누었던 절친한 사이였다고 한다. 그는 당시 기자 회견 자리에서 이렇게 증언했다.

"애인이 변심해 두황이가 자살했다는 얘기를 상부로부터 들었다. 하지만 두황이는 그런 이유로 자살할 속 좁은 친구가 아니다. 두황이 군 생활에는 문제가 없었고, 녹화사업 등에 대해 힘겨워하는 걸 봤지만 사건 당일에도 자살의 기미는 보이지 않았다. 나는 지금도 두황이가 자살했다는 것이 믿기지 않는다. 당시 부대원들도 자살을 믿지 않는 걸 보면 조작됐음이 분명하다."

지금도 우리는 1983년 6월 18일 의문사한 김두황의 자·타살 여부를 모른다. 아마 영원히 알 수 없을지도 모른다. 그러나 이 글을 읽는 독자들 중에 혹시 당시 그와 함께 근무했던 전우들이 있다면 지금이라도 두황이의 살아 있는 가족들을 위해 억울한 죽음의 진실을 알려주길 요청드린다. 그것이 그 시대를 살아남은 우리들의 최소한의 도리가 아닐까!

8. 1983년
청년 이윤성을 죽인 녹화사업의 비밀
"노무현 대통령이 와도 보여 줄 수 없다"

나는 40여 년 전인 1979년, 대학교 1학년 때 한 총명해 보이는 동갑내기 대학생을 종로의 한 모임에서 만났다. 인상이 너무 강렬해 잊지 않고 있다가, 그 다음 해인 1980년에 그를 서울 영락교회에서 우연히 다시 만났다. 그때 그가 연세대학교 학생인 것과 전두환 정권에 아주 비판적 시각을 가진 운동권 학생이었다는 것을 알았다. 당시 나는 철도대를 다니던 '생활권'이라 운동권과는 거리가 멀었다.

나는 1981년 7월 공군에 입대하고 1984년 5월 제대 후 곧 철도청에 복직했다. 그해 여름 연희동의 한 모임에서 4년 전에 만났던 그 동갑내기를 우연히 다시 만났고, 큰 충격을 받았다. 4~5년 전 그의 눈에서 발하던 총기는 아예 없어지고 말을 할 때마다 입에서 침을 흘리며 무척 힘들어했다. 달변가였던 그가 몰라볼 정도로 말도 너무 어눌했고 또 손끝은 이상하게도 까만 빛을 띠고 있었다.

나중에 지인들에게 들으니 그는 1981년에 시위를 하다가 군대에 끌려가 고문을 받고 제대 후 거의 폐인이 되었다고 했다. 침을 흘리거나 손끝이 까만 것은 전기 고문의 후유증으로 신경 계통이 망가졌기 때문이라고 했다. 탄식이 절로 나왔다.

'장래가 촉망되던 한 젊은이의 인생을 전두환이 망쳤구나!'

녹화사업 의문사 6인 ①한양대학교 기계과 81학번 한영현 ②고려대학교 정경계열 80학번 김두황 ③연세대학교 영독불계열 81학번 정성희 ④성균관대학교 사학과 81학번 이윤성 ⑤서울대 기계설계과 한희철 ⑥동국대학교 사대 수학교육과 81학번 최온순 ⓒ민청련동지회

　전두환 정권은 1980년 9월부터 1984년 11월까지 운동권 대학생들을 강제 징집했고, 이들을 프락치로 활용하는 이른바 녹화사업을 진행했다. 2006년 국방부 과거사위 자료에 따르면, 당시 강제 징집자는 1,152명, 녹화사업 대상자는 1,192명이며 그 중 강제 징집은 921명이었다. 이 가운데 여섯 명이 의문사했다.

　녹화사업은 시민 사회의 문제 제기 이후 '선도공작'으로 이름을 바꿔 노태우 정권 때까지 이어졌고, 수많은 청년들이 인권 사각지대인 군대에서 고통을 당했다. 내가 알던 그 연대생도 녹화사업 피해자 중의 한 사람이었던 것이다. 지금도 그가 살아는 있는지, 또 살아 있다면 어느 하늘 아래서 무엇을 하고 있는지도 모른다.

이제 녹화사업으로 의문사를 당한 여섯 명 중의 한 명인 이윤성의 삶과 죽음에 대해서 살펴보고자 한다.

청년들을 죽인 '녹화사업'

보안 사령부에 의해 입안된 녹화사업은 운동권 대학생들을 '특별 교육'을 통해 순화한다는 의미가 있었다. 즉, "좌경 사상으로 붉게 물든 학생들의 사상을 푸르게 변화시킨다"는 목적이었다.

그래서 평소 전두환 정권에 반대하는 대학생들을 체포 구금하고 시위 때 연행된 학생들을 대상으로 강제 입대시켰다. 이 과정은 보안사(기무사)·치안본부(현 경찰청)·국가안전기획부(현 국정원)·문교부(현 교육부)·검찰·대학교가 총동원된 가운데 이뤄진 권력 기관의 종합 선물 세트였다.

녹화사업은 보안사의 대학 동향 파악을 위한 프락치 강요로 이어졌다. 즉, 녹화사업 대상자들에게 휴가를 내주며 과거에 함께 활동한 친구들의 행적과 동향을 파악해 보고할 것을 강요한 것이다. 이처럼 녹화사업의 대상이었던 사병들은 정신·육체적으로 철저히 파괴당했다. 나아가 이렇게 파악된 정보를 바탕으로 운동권 조직 사건 등을 만들어냈고, 그런 과정에서 대학생·노동자와 민주 인사들도 불법으로 보안사 분실로 연행해 고문 수사하기도 했다.

이윤성은 1981년 3월 성균관대학교 역사·철학 계열에 입학한 후 그해 4월 인문과학연구회에 가입해 인문사회과학 서적을 탐독했다. 그는 1981년 6월부터 '역사·철학 계열 1학년 세미나 모임'에 참여했고, 결국 그다음해 전공을 사학과로 정하며 사학과 세미나 모임에서 활동했다. 1981년 12월에는 사회과학을 공부하기위해 인문과학연구회 동기들과 함께 겨울스터디그룹을조직해 선배들의 지도 아래 겨울방학 동안 세미나를 했다. 그리고 2학년 때 인문과학연구회 후배들의 세미나를 지도했으며 1982년 8월 인문과학연구회 회장이 되었다.

입영 대상자도 아닌데 강제 입영된 이윤성

이윤성은 1982년 11월 3일 '(전두환) 군부 독재 타도', '광주항쟁 진상 규명 및 책임자 처벌'을 주장하는데모 중 사복 전투 경찰 '백골단'에게 체포되어 동대문경찰서로 연행되었다. 그리고 동대문경찰서는 이윤성을 'A급'인 시위 주동자로 분류했다. 이윤성의 매형과시위 현장에서 함께 체포된 이윤성 친구들의 주장에 따르면, 당시 동대문경찰서는 시위 주동자로 분류된 학생들에게 '군 입대를 하지 않으면 징역형, 실형 등 형사처벌을 받게 될 것'이라고 말을 하면서 이윤성에게 입대를 강요했다.

시위 주동자로 분류된 이윤성은 경찰의 강요를 거부할 수 없어 입대에 동의하고 결국 강제 징집되었다. 그러나 이윤성의 부친은 60세 이상이었고 그는 2대 독자라서 당시 병역법상 현역 입영 대상자가 아니었다. 이것은 전두환 정권이 비판적인 학생들의 입을 막기 위해 불법도 거리낌 없이 저지른 일면을 보여 준다.

이윤성은 체포된 지 3일만인 1982년 11월 6일 동대문경찰서 강당에서 가족들과 간략하게 면회를 마친 후 바로 101보충대에 입대했다. 2002년 의문사위 조사 결과에 따르면 당시 101보충대에서는 형식적인 신체검사를 했는데, 그 과정에서 신체 조건상 현역 입영이 부적합한 학생들도 시위에 참여한 경력이 있으면 현역 판정을 받는 경우가 많았다고 한다.

그래서 이윤성은 1982년 11월 7일부터 12월 17일까지 육군 신병 교육대에서 훈련을 마치고, 그해 12월 24일에 한 전방 육군 부대로 전입되었다. 그는 전입과 동시에 경기도 연천군 대광면 대마리 철책 지역에서 바로 근무를 시작했다. 의문사위 보고서는 "소대원들과의 관계가 원만했던 것으로 보인다"고 적었다.

이윤성의 가족들은 그가 원래 입영될 대상도 아니었기에, 1983년 2월에 서울 종로구청에 의가사 전역을 신청했다. 그리고 1983년 4월 28일에 의가사 전역 명령이 발령됨으로서 그는 1983년 5월 12일이 되면 전

역할 예정이었다.

한편 이윤성은 '운동권 출신 사병(A급)'으로 분류된 특별 관찰 대상이었으므로, 부대 대대장의 지시로 동향에 대한 관찰 및 기록이 지속적으로 이루어졌다. 선임하사는 그의 동향에 대한 정보를 수집해 수시로 상부에 보고했다. 게다가 당시 보안대 주재관은 매주 그의 부대를 방문해 대대장이나 선임 하사와 면담하거나 그에 대한 관찰 기록을 검토하는 식으로 동향을 관찰했다.

이윤성의 부친은 당시 아들을 면회 갔을 때 아들로부터 "어디서 부르면 겁이 나 몸이 떨린다"는 말을 들었다. 또 훗날 의문사위에서 "윤성이가 보안 부대의 조사를 수 차례 받았다"고 주장했다.

군 생활 중 수시로 이뤄진 조사와 구타

당시 이윤성과 함께 지낸 한 소대원은 "이윤성이 연대 보안대로부터 호출당하면 성명불상 보안대원이 하사를 대동하고 와서 이윤성 관물대를 뒤지는 것을 2~3회 본 기억이 있고, 이윤성이 연대 보안반에 가면 하루는 자고 왔던 것 같다"고 의문사위에서 진술했다. 또한 당시 보안반의 한 서무병은 의문사위에서 "이윤성이 2~3회 보안 부대로 가는 차량을 기다리기 위해 연대 보안반에서 머물렀다"고 진술했다. 이런 진술들을 종합해 보면, 군 생활 중 이윤성은 수시로 보안 부대에 소환되어 조사를 받은 것으로 추정된다.

이윤성의 사학과 동기이자 당시 성균관대학교 고전 연구회 회장 최 아무개는 의문사위에서 아래와 같이 증언했다.

"1983년 4월 초순 이윤성으로부터 만나자는 연락을 받고 성균관대학교 근처 술집에서 만났는데, 이윤성은 '너희 서클은 잘 되냐?' '다들 뭐하냐? 별 일 없냐?' 등을 묻고 얼마 지나지 않아 '또 다른 사람들을 만나야 하기 때문에 가봐야 된다'면서 자리에서 일어섰다. 이윤성과 서클도 다르고 활동도 같이 한 적이 없어 만나자는 연락을 받고 의아하게 생각했으며, 별 이야기 없이 안부만 묻고 갑자기 딱 자르고 일어서는 것 같아 이상했다."

이윤성의 성대 역사·철학 계열 학과 동기생은 "당시 성대 정문 앞에 있는 '시골집'이라는 술집 앞에서 이윤성이 군복을 입고 서 있는 모습을 본 적이 있는데, 그때 이윤성은 하얀색 계통의 셔츠를 입은 남자와 함께 서 있었던 것 같다"라고 진술했다.

의문사위는 위의 진술에서 나타난 이윤성의 행적과 그가 보안 부대의 소환을 받은 사실을 종합하면서 이런 결론을 맺는다.

"이윤성은 보안 부대의 프락치 활동 강요에 의해 성균관대 부근에서 운동권 학생들을 만나 정보 수집 활동을 했을 개연성이 상당하나, 구체적으로 보안 부대의 소환 시기, 조사 경위, 프락치 활동 강요 여부 등을 확인할 만한 자료를 발견할 수 없어, 구체적 내용을 특정할 수 없다."

당시 이윤성이 복무하던 보안 부대 부대장, 연대 보안반장, 보안 부대 대공계장 등은 "(그때) 보안사의 지시에 따라 녹화사업의 일환으로 1983년 4~5월 이윤성을 소환해 조사한 사실이 있다"며 훗날 의문사위 조사에서 진술했다. 당시 보안대원들도 그에게 '나의 성장기'를 작성하게 하고, 책자를 주어 소감문을 제출하도록 하면서 소위 순화 교육을 실시했다고 밝혔다. 이를 근거로 의문사위는 그가 1983년 4월 30일부터 5월 3일까지 보안 부대에서 대공계장 및 대공수사관 등으로부터 조사를 받았고, 보안대원들은 학생 운동 가담 여부 및 운동권 동료들의 활동 사항 등에 관해 조사했다는 사실을 밝혀냈다.

"심하게 압박한 것 같다"

당시 이윤성의 부대에 근무하던 보안 부대 관련자들은 이문사위 조사에서 아래와 같은 진술들을 남겼다.

"이윤성을 조사하던 수사관이 이윤성을 좀 심하게
대했다는 이야기를 들은 적이 있다."
_보안 부대 대공계 대기병

"당시 대공계 수사관들이 운동권 출신 사병들을 늦은
시간까지 심사실에서 조사했다."
_보안 부대장

"이윤성이 야간까지 취조를 당했다는 말을 들었다."
_헌병대 조사계 선임 하사

"대공계장은 이윤성의 학생 운동 배경을 조사하면서
심하게 압박한 것 같다."
_보안사 감찰실 준위

"1982년 1월 근무 중 북한 삐라를 주워, 사회에서
쉽게 볼 수 없는 것이어서 형에게 보내는 편지에
동봉했는데 그것이 발단이 되어 국가보안법 위반
혐의로 수사를 받았고, 당시 수사관이 보안 부대
대공계장 박○숙이었는데, 혐의를 부인하자
박○숙으로부터 4일 이상 구타를 당해 결국 자백했다."
_이윤성 부대 소속의 한 병사

당시 보안 부대 조사에서 이윤성은 자신의 입대 전

학생 운동 활동 사실을 부인했다. 그러니 보안 부대의 기존 조사 관행 등을 종합해 보면, 그는 보안 부대에서 수사관들로부터 강도 높은 조사를 받았을 가능성이 크다. 그리고 그러한 조사를 받는 과정에서, 이윤성 부대 소속 한 병사의 경우처럼, 자신이 부인한 학생 운동 활동 사항에 관한 진술을 강요받으면서 구타 등의 가혹 행위를 당했을 것으로 추정된다.

제대 8일 앞두고 자살?

이윤성의 전역 예정 8일 전인 1983년 5월 4일, 결국 비극이 발생한다. 이날 새벽 3시경 보안 부대 김 아무개 사병은 위병 근무를 마치고 내무반으로 가던 중, 심사실에 있어야 할 이윤성이 없는 것을 확인하고 이를 보안 부대 일직사관에게 보고했다. 그 후 보안 부대 소속 사병들이 이윤성의 소재를 찾던 중, 위의 김 아무개가 보안 부대 부근 테니스장에서 군화 끈과 요대를 연결해 심판대에 목을 맨 채로 매달려 있는 그를 발견했다.

일직사관은 라이터로 군화 끈을 자른 후 이윤성을 바닥에 끌어내리고 목에 감겨 있던 요대를 풀어 인공호흡을 실시한다. 그러나 아무런 반응이 없자 사망한 것으로 판단하고, 보안 부대 운영과장에게 보고했다.

위에서 살펴본 바와 같이 이윤성은 군대에 끌려오

기 전 자신의 학생 운동 가담과 관련해 보안 부대 수사관들로부터 수시로 구타를 동반한 강압적인 조사를 받았다. 그리고 당시 보안 부대 대공계 사병 조 아무개는 '나 같은 사람 무엇 때문에 괴롭히느냐, 앞으로 나 같은 사람을 만들지 말라'는 내용을 담은 그의 유서가 발견되었다고 진술했다.

이와 같은 점 등을 고려해 볼 때, 이윤성은 학생 운동 가담 여부 및 운동권 동료들의 활동 사항 등에 관한 가혹한 조사를 받는 과정에서 운동권 동료들을 배신할 수 없다는 심적 부담감, 또는 프락치 활용 강요로 인한 심리적 갈등과 강압적인 조사에서 비롯된 육체적 고통을 견디지 못해 이를 벗어나고 싶은 상황에서 자살을 선택한 것으로 추정된다.

의문사위가 이윤성의 사망 사실, 즉 의문사에 대해 이렇게 자·타살 여부 등을 단정하지 못하고 추정할 수밖에 없었던 데에는 슬픈 사연이 있다. 의문사위는 2001년에서 2004년에 전두환 정권기 강제 징집·녹화 사업과 관련한 의문사 자료를 확인하기 위해 기무사에 대해 현장 실지 조사를 시도했다. 그러나 당시 기무사는 의문사위의 기무사의 문서 보존 관리 기준표 및 내규에 대한 요청 공문에 아예 회신하지 않고, 기무사 '문서고' 등에 대해 의문사위 위원장, 위원들과 조사관들의 접근 자체를 일절 거부했다. 당시 기무사는 "(노무현) 대통령이 와도 보여 줄 수 없다", "대한민국이 거꾸

러져도 안 된다"라며 의문사위의 협조 요청을 공개적으로 거부했다. 그래서 의문사위는 녹화사업 희생자들과 연관된 구체적인 자료를 확보할 수 없었던 것이다.[*]

기무사가 진정 결백하다면 이런 자료들을 전혀 감출 필요가 없는 것이 아닌가? 그리고 오히려 만천하에 모든 녹화사업과 의문사 관련 자료를 공개할 것이다. 기무사가 자료는 은폐하면서 자신의 결백을 믿어 달라고 하면 전혀 설득력이 없지 않은가.

또한 이른바 '이윤성의 유서'에 대해서 의문사위는 위의 "조 아무개 이외에 이윤성이 작성한 유서를 본 사람이 아무도 없다. 이윤성이 보안 부대 조사를 받으면서 구타 등 가혹 행위를 당했을 가능성이 있는 점에 비추어, 그가 타살되었을 가능성도 배제할 수 없다"고 결론짓는다.

죽음을 조작한 보안사, 사죄 없는 전두환

더군다나 의문사위 조사 결과에 따르면 당시 보안사는 이윤성의 사망과 관련해 아래와 같은 조작 행위를 벌였다.

"보안 부대로부터 사건을 통보받고 상급 헌병대로 속보를 보고하는 시간이 지연된 현실을 감안해

[*] "녹화사업 자료, 대통령도 못 본다", 오마이뉴스, 2002.8.23.

본인이 보안 부대장과 함께 보안사와 군단 헌병대에
사체 발견 시각을 '06:00'으로 하자고 합의했다."
_당시 헌병대장

"보안 부대에서 인지해 어떻게 처리해야 하는지
고민하다가 헌병대에 신고한 후 헌병대장 등과
이윤성이 연대에서 사망한 것으로 할 것인가 등을 논
의하는 과정에서 시간이 조정된 것으로 보인다."
_당시 헌병대 조사계 선임 하사

"사령부 감찰실에서 간부들이 나오기 전 본인이 위병
근무 중, 부대 간부들이 (이윤성의) 발견 시각을
'06:00'으로 하자는 대화 내용을 들었다."
_당시 보안 부대 사병

"(보안)사령부 간부들이 이윤성 사망 직후 본인을
소환해 보안 부대로 갔는데, 성명불상 보안사 간부가
사무실 통로에서 '이번 사건은 불온 삐라와 책자를
소지해서 월북 혐의로 조사하다가 일이 일어난 걸로
알아라'고 말했다."
_당시 보안반 대대 주재관

"이윤성을 부검한 후 일주일 정도 지났을 무렵 본부
운영과장이 '보안 사령부에서 특수학변자가 불온

전단을 휴대한 것으로 처리하라고 했다'고 말했다."

_당시 연대 보안반장

"이윤성은 보안 사령부의 지시에 따라 순화 교육(녹화사업) 목적으로 보안 부대에 온 것이며 이윤성이 월북 혐의로 보안 부대에서 조사를 받다가 사망했다는 것은 은폐, 조작된 것이다."

_당시 보안 부대 부대장

의문사위는 위와 같은 여러 진술을 검토한 결과 '당시 보안 부대장과 사단 헌병대장 등이 이윤성의 사체 발견 시각을 '1983년 5월 4일 06:00'으로 하기로 합의해 이를 조작'했고 '보안사의 개입으로 이윤성에 대한 조사 경위와 사망 경위는 조작된 것으로' 판단했다.

2019년 12월 21일, 전두환 정권기 녹화사업 피해자들은 전두환 자택 앞에서 진상 규명을 촉구하는 집회를 열었다. 이날 피해자들은 녹화사업 등과 관련해 '전두환을 구속하라', '전두환을 감옥으로' 등의 구호를 외쳤다. 하지만 전두환은 이윤성 등 녹화사업 관련 희생자들과 관련하여 아무런 사죄나 용서를 빌지 않고, 골프로 시간을 보내다 천수를 누린 후 2021년 11월 23일에 죽었다.

9. 1982년
자신의 죽음을 예고한 대학생 정성희
그에게는 무슨 일이 있었나?

언젠가 한 영국 친구에게 1980년대 전두환 군부 독재 정권기에 일어난 강제 징집과 녹화사업Greenization Project에 대해 이야기하다가 오해가 일어났다. 영국 녹색당원인 그는 녹화사업을 군인들을 동원해 산에 나무 심기 작업을 한 것으로 이해했다. 친구는 "그래도 전두환이 그때부터 지구 온난화를 예견하고 녹화사업을 시작했으니 선견지명이 있었네!"라며 감탄했다. 녹화사업이 '붉은 사상으로 물든' 대학생들을 강제 징집해 '푸르게 바꾸고' 프락치로 활용하려 한 공작이었던 것을, 그가 알 리가 없음을 뒤늦게 깨달았다.

1980년대 전두환 정권기 강제 징집, 녹화사업으로 인해 생명을 잃은 첫 번째 희생자는 누구일까? 바로 정성희다. 정성희는 연세대학교에 재학 중이던 1981년 11월 28일에 육군으로 강제 징집되었다. 그는 1982년 7월 22일 오후 7시 50분경 철책 근무에 투입되었다. 철책선 초소에서 경계 근무를 하던 그는 자정을 넘긴 7월 23일 0시 10분 초소에서 변사체로 발견되었다. 강제 징집된 지 8개월도 안 된, 불과 스무 살의 앞날이 창창한 청년이 군대에서 목숨을 잃은 것이다.

녹화사업이 죽인 첫 번째 희생자

정성희는 1981년 3월에 연세대 영독불 계열에 입학

한 후 같은 해 5월 흥사단* 아카데미에 가입해 활동하기 시작했다. 성실하고 밝은 성격이었던 정성희는 흥사단 아카데미에서 사회과학 세미나와 민주화를 위한 실천 활동에 가장 적극적으로 참여하며 동아리 동기들의 활동을 이끌었다. 동아리 활동과는 별개로 비밀리에 학내에 유인물을 제작·배포하던 모임에 가입한 그는 1981년 9월경 '오천여 신입생들에게 드리는 글'이라는 제목의 유인물을 다른 동료와 함께 제작해 배포하기도 했다.

2학기에 들어서면서 선배가 구속되는 등 흥사단 아카데미의 활동이 어려워지자 정성희는 방언민속연구회에 가입해 활동했다. 1981년 2학기부터 교내 시위가 활발해지자 정성희도 여기에 함께했다. 1981년 9월 30일 탈춤 공연 이후 시위와 10월 말경의 '문무대'** 반대 시위 등에 앞장서서 참여했다.

한편 1981년 11월 정성희는 반독재 민주화 운동을 위해 학내 비밀 모임에서 본격적으로 활동할 것을 준비하고 있었다. 그러다 1981년 11월 25일 친구들이 주도한 시위에 참가했던 정성희는 연행되는 친구들을 구출하려고 뛰어들었다가 체포되어 서대문경찰서에 연행되었다. 경찰서에서 가혹한 조사를 받은 정성희를 포함

---

* 도산 안창호가 결성한 민족 운동 단체.
** 문무대는 대학생들의 안보의식을 높인다며 재학 중 머리를 박박 밀고 군대 전방에 5~10일간 입소해 군사 훈련을 받고 나오는 1980년대의 국가 정책이었다.

한 15명의 친구는 연행된 지 사흘 만인 1981년 11월 28일 경찰서에서 바로 육군으로 강제 징집되었다.

부모에게 연락도 못한 채 강제 입영

정성희와 15명의 친구는 입대지원서를 쓰지도 않았고 집에 연락하지도 하지 못한 채 강제 입영되었다. 이 15명 학생 중에는 이미 방위로 판정받은 사람도 있었고 심장판막장애로 입영이 불가능한 학생도 포함되어 있었다. 정성희 또한 외아들이자 만 19세로 징집 연령에 미달했다. 그는 지원이 아니라면 입영될 수 없었음에도 그대로 징집되었고 경찰과 군인들은 부모에게 전화 한 통 할 기회조차 주지 않았다.

정성희가 '행방불명'된 후 그의 부모와 가족들은 대학교와 경찰서 등을 찾아다니며 외아들의 행방을 수소문했다. 그러나 아들의 행방을 전혀 알 수 없었다. 애가 타서 밤잠을 못 자고 식사도 제대로 못 한 부모는 몇 주후에 훈련소에서 집으로 보낸 그의 사복을 받아 보고나서야 아들이 입대했다는 사실을 알게 되었다. 이것이 전두환 정권기의 우리나라 인권 수준이었다.

신병 교육대에 입소해 신병 훈련을 받고, 1982년 1월 14일 자대에 배치된 정성희는 점차 부대 생활에 적응해 가면서 촌극을 보여 주거나 농담으로 부대원들을 즐겁게 해 주었고, 부대원들과의 관계도 매우 원만했다. 부대원 대부분은 그가 학생 운동을 하다 강제 징집 되었다는 사실을 알고 있었지만, 그것 때문에 괴롭힘을 당하는 일은 없었다고 의문사위에서 진술했다. 대학교 친구와 부모, 여동생 등에게도 자주 편지를 보냈고, 다른 병사들에 비해 편지도 많이 받는 편이었다.

정성희가 전입하자 부대 지휘 계통은 소대장과 분대장에게 관심을 가지고 그를 관찰하도록 지시했다. 특히 당시 보안 부대가 지속해서 감시 관찰했다. 대대 보안대 선임 하사가 직접 분대장에게 그가 시위 주동자니 관찰해 보고하라고 지시했으며, 대대 보안대 주재관이 소대장에게 그의 동향을 묻기도 했다.

보안대 등에 의해 지속적으로 감시당한 정성희는 시위와 관련되어 입대하면 장기 복무해야 한다는 근거 없는 소문에도 걱정할 만큼 위축되었다. 또 같이 강제 징집당한 친구가 서신 검열에 걸려 구속되는 사태가 발생하자 가족과 친구들에게 보내는 편지마저도 마음 놓고 쓰지 못하게 되었다.

또한 보안 부대에 직접 호출되어 조사를 받기도 했다. 정성희의 소속 연대 보안반 서무병은 의문사위에서 "정성희가 보안반을 다녀간 뒤 사망해 현재까지 그를 기억하고 있다"고 진술했다. 당시 소대장과 중대장도 "시기는 확실하지 않지만 휴가 전후에 보안대로부터 호출을 받고 정성희를 대대로 보내 보안대 면담을 받도록 한 기억이 있다"고 진술했다.

휴가를 나온 정성희는 친구들에게 "보안 부대에서 조사를 받았으니 중요한 내용은 자신에게 말하지 말아 달라"고 부탁했고, 동아리 친구들과 술을 마시면서 "보안대에서 조사받았다"고 이야기하기도 했다고, 그의 친구들은 훗날 의문사위에서 진술했다.

이렇게 정성희는 입대 이후 보안 부대의 지속적인 감시를 받았고, 보안대로 소환되어 학생 운동과 관련한 가혹한 조사를 받기도 했다. 보안대의 조사 과정에서 그는 주로 동아리 활동과 관련해 선배나 동료들에 대한 진술을 강요당했을 것이며, 이런 가혹한 조사를 매우 힘들어 했으리라고 의문사위는 추정했다.

"계속 감시당하는 중이다"

정성희의 첫 휴가는 1982년 6월 9일에서 6월 21일까지였다. 휴가 기간에는 고교 친구들을 하루 정도 만난 것을 제외하고는 쭉 연세대 흥사단 아카데미 회원들과 함께 보냈다. 그리고 친구들에게 자신의 군 생활에 대해 대체로 긍정적으로 이야기하면서 각자의 공간에서 열심히 생활할 것을 다짐했다. 그러나 자신이 계속 감시당하고 있고 부대에 복귀하면 조사를 받을 것이므로 "학교 상황에 대한 자세한 사항은 이야기하지 말라"고 당부하기도 했다.

부대 복귀 전날 정성희는 후배 양 아무개에게 자신이

고등학교 시절부터 써 오던 일기를 읽게 했고, 그날 저녁 동아리 사람들과 술을 마신 후 연대 근처 친구 자취방에서 자고 다음 날 부대에 복귀했다. 그런데 막상 부대로 복귀하는 날, 그는 동아리 친구 이 아무개에게 전화해 "정말로 부대에 돌아가기 싫다"고 심각하게 호소했다.

군대로 복귀한 정성희는 부쩍 말수가 적어지고 의기소침한 모습을 보였다. 사고가 나기 3~4일 전쯤에 그는 주위의 동료들에게 자신이 3일 후에 죽을 것이라든지, 72시간이 남았다 라든지, 휴가를 가게 되면 학교의 친구들에게 자신의 말을 전해 주라는 등의 이야기를 했다. 또 사고 나기 2~3일 전부터는 자신의 전투화와 라이터 등을 동료들에게 나누어 주기도 했다.

급기야 1982년 7월 22일 낮에 정성희는 우물에서 물 긷는 작업을 하면서 함께 일하던 전우들에게 "오늘 밤 12시에 죽을 것이다"라고 하면서 휴식 시간에 유서를 작성해 임 아무개에게 보여 주었다. 또 이날 저녁 근무에 투입되기 직전 여자친구가 보낸 것으로 추정되는 편지를 그 자리에서 찢어 버리기도 했다.

정성희는 7월 22일 오후 7시경 전방 실습을 나왔던 대학생 임 아무개와 함께 초소 경계 근무에 투입되었다. 이때 실탄은 정성희에게만 지급되었고 실습 대학생들은 총기만을 휴대했다. 처음 27초소에서 근무하던 정성희와 대학생은 오후 10시경 26초소로 이동했다.

정성희는 임 아무개를 기다리게 한 다음 혼자 내무반으로 들어가 고참병인 한 아무개로부터 담배를 두 차례나 얻어 피우는 등 평소와는 다른 행동을 했다. 정성희는 전방 실습 중이던 대학생에게 부산 미국문화원 방화사건*이 어떻게 되었는지 물어보았으며, 자정 직전에는 대학생에게 몇 시쯤 되었는지 물어보았다.

자정이 되자 대대에 있던 종이 울렸고, 그 직후 연발의 총성이 들렸다. 다른 초소 근무자와 순찰자들은 예광탄 수 발이 발사되는 것을 목격할 수 있었다. 총소리가 나자 각 초소는 모두 보안등을 켰으나 정성희가 근무하던 26초소의 보안등은 켜지지 않았다. 옆 초소에서 근무 중이던 분대장이 급히 26초소로 뛰어가 머리 위쪽에서 피를 흘리고 죽어 있는 정성희를 발견했다.

의문사한 외아들의 시신을 즉시 화장한 군대

정성희는 휴가 후 군에 복귀해 보안 부대에 불려가 '동아리와 학교의 최근 동향'에 대해 진술할 것을 지속해서 강요받았다. 그는 보안 부대의 요구에 대해 영향이 없는 부분만 진술을 했다. 보안 부대에서 요구하는 대로 동아리와 학교의 최근 동향을 진술할 경우, 신념에 반하는 행동을 한 자기 자신에 대한 자괴감과 같이

---

* 1982년 3월 18일에 고신대학교 등 부산 지역 대학생들이 광주민주화운동 유혈 진압과 그를 묵인한 미국에 대한 항의로 미국문화원에 불을 지른 사건.

활동했던 친구들에 대한 죄책감으로 견딜 수 없는 고통의 삶을 살게 될 것이 예상되었기 때문이다. 그러나 보안 부대로부터 계속 '핵심적인 진술'을 하라는 강요를 더는 거부하기 어렵게 되자 자살에 이르게 된 것이라고 의문사위는 추정했다.

정성희의 부모와 외삼촌은 사망 사실을 통고받고 부대로 찾아와 사망 현장 방문을 요구했다. 하지만 헌병들은 현장이 민간인 통제 구역임을 이유로 부모의 요구를 거부했다. 부모들은 헌병대 수사관에게서 '정성희가 비관 자살했다'는 설명을 듣고 난 다음 보급대에 설치된 장례식장에서 사체를 확인했다. 정성희의 부모는 당시 사체가 이미 입관된 상태로 관이 작아 목이 꺾여 보였다고 증언했다. 전두환 정권기의 군대는 죽은 군인에게조차 크기가 맞는 관을 제공해 주지 않았다. 한편 군은 정성희 부모에게 부검포기서와 화장동의서, 사인에 대해 법적 이의를 제기하지 않는다는 각서를 받고 시신을 즉시 화장했다.

외아들인 정성희가 사망 후 그 가족이 받은 고통은 이루 헤아릴 수 없었다. 정성희의 할머니는 하나밖에 없는 손자의 죽음으로 큰 충격을 입었고 그 후 지병을 얻었다. 정성희의 모친은 외아들의 의문사 후 화병을 얻고 심장판막치환 수술을 받았으며 여생을 인공판막에 의존해야 하는 고통스러운 삶을 살았다.

의문사위는 정성희의 짧은 삶에 대해 이런 기록을

남겼다.

"정성희는 시위에 참가하다가 서울 서대문경찰서로
연행되어 정상적인 입영 절차를 거치지 아니하고 강제
징집되었고, 입대 후 학생 운동 전력으로
관할 보안 부대로부터 지속적인 감시 내지 관찰을
받았으며, 나아가 정성희는 보안 부대에 소환되어
동아리 활동 등 학생 운동 관련 활동에 대한 진술을
강요받아 이를 거부하기 어려운 상황에 이르러 자살에
이르게 되었으므로, 정성희의 자살은 당시 권위주의
통치하에 보안사의 불법적인 공권력 행사에 항거한
것으로 '권위주의적 통치에 항거해 국민의 자유와
권리를 회복, 신장시킨 활동'인 '민주화 운동'으로
판단된다. (…) 또한 정성희는 공권력의 위법한
행사로 인해 사망했다고 인정된다."

10. 1981년
위암 환자까지 고문한 이근안
고문 끝에 옥사한 이재문

이재문은 1934년 경상북도 의성에서 태어났다. 그는 경북대학교 정치학과를 졸업하고 영남일보와 대구일보 기자로 재직했다. 1960년 4·19혁명 직후에는 민족일보 정치부 기자로 일하며 통일민주청년동맹과 사회당 활동을 했다. 1964년 '1차 인혁당 사건'으로 구속된 그는 징역 1년, 집행유예 3년을 선고받았다. 석방 후인 1967년 대선을 앞두고 반독재재야민주세력단일후보추진위원회 활동을 했다.

1969년, 여당인 공화당이 박정희의 3선 연임을 가능하게 하려고 추진했던 3선 개헌이 이루어진 후 이재문은 대구에서 민주수호협의회 대변인 활동을 했다. 그러나 1972년 박정희의 유신 선포 후에는 민주수호협의회가 해체되어 대변인 활동을 중단할 수밖에 없었다. 그래서 대구에서 「참소리」라는 지하 신문을 만들고 유신반대 운동을 확산시켰다.

유신 체제이던 1974년에는 '인혁당재건위' 조작 사건으로 여덟 명이 사형당하게 되는데 여정남, 서도원, 도예종 등 희생자 대다수가 대구 지역 출신이었다. 이들은 이재문과 생사고락을 함께 나누던 친구들이었다. 이재문도 인혁당재건위 중앙위원으로 수배되어 쫓기는 신세가 되었는데 이때 만약 검거되었다면 인혁당재건위 사건의 희생자는 아홉 명이 되었을 것이다.[*]

이재문은 도예종 등의 죽음을 보고 박정희에게 분노

---

[*] 박정희는 몸 고문, 박근혜는 빚 고문. 오마이뉴스. 2020. 2. 15.

한다. 그리고 박정희가 죽지 않으면 자신이 죽을 수밖에 없다는 절박한 상황에서 도피 중이던 1976년 2월 29일에 유신 정권에 맞설 '남조선민족해방전선준비위원회(남민전)'를 결성한다. 1975년 5월 13일 박정희가 선포한 긴급조치 9호로 모든 반독재 민주화 운동이 불법이 된 상황에서 결성한 비밀 정치 조직이었다.

이근안의 물고문, 전기 고문, 성 고문

1979년 10월에서 11월 사이, 이재문을 비롯한 이재오(현 국민의힘 상임고문), 이학영(현 민주당 국회의원), 임헌영(현 민족문제연구소장) 등 남민전 조직원 84명이 구속된다. 북한의 지령을 받아 활동했다는 혐의였다. 이재문은 1979년 10월 4일 체포·구속되어 조사 과정에서 남영동 대공수사단 소속 경찰관들로부터 극심한 고문을 당한다. 특히 악명 높은 '고문 기술자' 이근안으로부터 무차별 구타, 물고문, 전기 고문뿐만 아니라 볼펜 고문*도 당한다.

의문사위는 2002년과 2004년에 각각 '이재문 사건'을 조사했다. 의문사위 조사 결과에 따르면 이재문은 자신이 가혹한 고문을 받았다는 사실을 법정에서 수차례 진술한다. 하지만 귀 기울여 주는 판사는 아무도 없었다. 또한 조카 이 아무개는 구치소로 삼촌인 그를 면

* 남성 성기의 요도에 볼펜 심을 쑤셔 넣는 고문.

1980년 2월 3일 공판 중 이재문(앞줄 일어선 사람) ⓒ의문사위 자료

회 갔을 때도 "입회 교도관 몰래 삼촌이 내게 고문당했다는 동작을 취했다"고 진술했다.

남민전 관련자들은 이근안이 자신들을 고문하며 말했던 이재문과 관련된 내용을 의문사위에서 다음과 같이 진술했다.

> "'너 이 새끼야, 너희 수괴 이재문이도 나한테 죽다 살았어, 인마. (이재문이) 골병 많이 들었을 거야.' (이근안이) 나를 패대기친 이후에 나중에 깨어나니까 (이근안은 내게) '이재문이도 개구락지(개구리) 여러 번 됐어'라고 말했다."
>
> _김○삼

> "서울┼지소에서 이재문이 나에게 '(이근안으로부터)

못 견딜 만큼 당했다'는 말을 했었다."
_김○술

"남영동 대공수사단에서 조사를 받을 당시 경찰관들이 모여서 '5층에서 무술 경찰관들이 이재문을 마치 개구리를 집어던지는 것처럼 집어던지면서 고문을 했다'고 이야기하는 것을 들었다."
_김○옥

"'칠성판'이 있는 남영동 조사실에서 이근안이 내게 '얼마 전까지 너희들 수괴 이재문이 여기서 당했는데, 너도 당해 봐'라는 식으로 말하면서 '나(이근안)는 고문이 전문이어서 여기서 모셔 왔다'며 이야기했다."
_박○옥

"남영동 대공분실에서 조사를 받을 때 내 담당 경찰관이 '이재문이 (이근안에게) 그 정도 당했으면 골병이 들어 얼마 살지 못할 것'이라는 얘기를 했다."
_나○수

당시 남영동 대공분실에서 사건 수사를 직접 총괄했던 유○방은 "(이근안에게) 고문을 당했다고 하는 사람들의 말이 거짓은 아닐 것"이라고 밝혔다. 의문사위는 위와 같은 여러 관련자들의 증언을 종합해 볼 때 "이재

민주화 이후 도주한 이근안의 현상 수배 포스터 ⓒ의문사위 자료

문이 이근안에게 고문을 당한 것은 사실로 보인다"고 판단했다.

그러나 이재문을 비롯한 남민전 사건 관련자들의 고통은 남영동 대공분실에서만 끝나지 않았다. 심지어 검찰과 사법부 최후의 보루라는 법정도 남영동 대공분실과 별반 다르지 않았다. 남민전 조직원이었던 차○환은 "검찰 조사 시 혐의 사실을 부인하는 경우 검사가 직접 주먹으로 온몸을 때리거나 구둣발로 차고, 심지어는 슬리퍼를 벗어 따귀를 때리기도 하며 폭력을 휘둘렀다"고 진술했다.

당시 재판부 상황에 대해서도 남민전 관계자 김○권은 "재판이 전혀 공정하게 진행되지 않았고 재판부의 독자성도 전혀 없었다. 경찰이든 검찰이든 다 중앙정보부(중정)의 통제하에서 하수인 역할만 했다. 피의자들이 검찰 공소 내용을 부인해도 전혀 받아들여지지 않았다. 공안 기관이 작성한 내용이 그대로 인정되는 재판이었다"고 진술했다.

중앙정보부의 하수인, 경찰-검찰-법원

한편, 남영동에서 고문 조사를 마치고 서울구치소에 수감 중이던 이재문은 1980년 5월 18일경 광주민주화운동에 관한 소식을 듣는다. 그 소식을 듣자마자 그는 전두환의 광주 민중 학살과 계엄군의 시민 탄압에 항거해 단식 투쟁을 한다. 이 과정에서 고문 후유증이 더해져 건강이 극도로 악화되었다. 그러나 의문사위 조사 결과 구치소 측은 그의 건강 악화에 대해 적절한 조치를 취하지 않았다.

당시 서울구치소 의사는 처우가 좋지 않아 개인 영업을 병행하면서 일주일에 세 번 정도만 구치소에 왔다. 그리고 전문적인 의료 지식이 없는 사람들이 간호사나 약사 역할을 했는데, 이들이 이재문에게 직접 피하주사, 근육주사를 놓고 약도 주었다. 구치소 병사에는 침대도 없어서 이재문을 포함한 입원 환자들은 그냥 바닥에 누워야 했다. 당시 구치소 의무과장은 훗날 의문사위에서 의료 행정이 "가혹했다. 의료 기기는 청진기와

혈압기가 전부였고 약은 소화제, 해열제 정도뿐이었다"고 진술했다.

그런 구치소 병사의 가혹한 조건 속에서 이재문의 위질환은 1981년 8월부터 급격히 악화되어 갔다. 이재문 가족의 지속적인 요구가 마침내 받아들여져 9월 4일 외부 의사가 서울구치소를 방문해 진찰한 결과 그가 위궤양을 앓고 있음이 확인됐다. 의사는 병의 경과, 문진, 촉진 등으로 위암 발병 가능성이 있으므로 엑스레이 검사와 위내시경 검사가 필요하다는 의견을 구치소장에게 제시했다.

그러나 이런 의사의 의견에도 불구하고 이재문에 대한 정밀 진료는 전혀 이루어지지 않았다. 이에 가족들은 수차례에 걸쳐 구치소장에게 진정서·탄원서 등을 제출했으나 전혀 수용되지 않았다.

결국 구치소 안에서 이재문의 병세는 더욱 악화되어 식사 시간에 토하는 일이 잦아지고 영양 상태가 더욱 나빠졌다. 가족들의 거듭된 요구로 그는 1981년 10월 27일 경찰병원에 이송되어 정밀 검사를 받았고, 그 결과 초기 위암인 위유문부협착증이 확인되어 수술 권고가 내려졌다. 아울러 경찰병원 측은 이재문에 대한 방사선 촬영을 했으며, 그 결과 '위암일 가능성도 있으니 위내시경 검사를 해야 한다'고 권유하고, 약 3개월간의 입원 치료가 필요하다는 의견을 구치소장에게 제시했다.

국가는 중요한 범죄 피의자라 하더라도 본인과 가족들에게 발병 사실 고지와 적극적인 치료 의무가 있다. 하지만 전두환 정권은 이재문에 대해 아무런 조치도 취하지 않았다.

서서히 감옥에서 죽어 간 이재문

구치소는 이재문이 감옥에서 병에 걸려 치료를 하는 비용을 가족들이 부담하게 하였다. 또한 이재문 치료에 있어서 단지 알부민 등의 영양제만을 주사하고, 죽과 사과 몇 조각만을 먹이는 등 아주 최소한의 치료에 그쳤다. 이렇게 외부 병원 치료가 거부된 후 그의 건강은 더 이상 회복될 수 없을 만큼 악화되었다. 서울구치소 의무과 의사 김 아무개가 1981년 11월 19일 그를 진료했을 때, 심한 구토 때문에 음식물을 전혀 섭취할 수 없어 영양실조 상태였으며 전신이 쇠약해져 의욕상실증을 보이고 정신마저 혼미한 실정이었다.

의사 김 아무개는 당시 이재문에게 혈관주사를 통해 영양을 공급하기보다 종합병원 입원 치료가 적절하다는 의견을 밝혔다. 그러나 서울구치소 측은 외부 병원 치료를 전혀 고려하지 않았다. 사흘 후인 22일에 이재문은 위암으로 차디찬 감옥 안에서 옥사했다. 그의 나이 47세였다.

의문사위는 이재문의 의료 기록을 찾아내어 그의 사

망 원인을 네 가지로 확인할 수 있었다.

① 검거·수사 당시 당한 고문의 후유증
② 구치소 내의 가혹 행위 또는 비인도적인 진료 거부 행위
③ 사망 당시 수사 기관의 추가적인 조사나 고문
④ 수형 생활로 인한 자연사 등의 복합적 작용.

이재문이 사망한 다음날인 23일, 형 이재훈이 서울구치소를 방문해 그의 시신을 인도받았고 곧바로 인천 송현동성당으로 가서 장례식을 하려 했다. 그러나 공안 기관 관련자가 찾아와 장례식을 할 수 없다며 막았다. 결국 가족들은 천주교 인천교구 묘지에 이재문의 시신을 매장해야 했다. 그 후 안기부 요원들이 이재문의 처 김재원과 형 이재훈의 거주지 주변에서 유족에 대한 감시 활동을 벌인 것으로 의문사위는 판단했다. 하지만 국정원의 비협조로 의문사위는 이에 대한 구체적 증거를 확보하지는 못했다.

이재문의 처 김재원은 이재문 사망 2~3개월쯤 후에 자신이 기거하던 인천 송현동성당으로 이재문과 같이 수감 생활을 하던 학생들이 찾아와서 당시 있었던 일을 전해 주었다고 의문사위에서 진술했다. 그들에 따르면 안기부가 이재문을 전담 관리했고 이상한 주사를 놓으며 고의로 죽였다는 것이다. 그러나 그 진위에 대해 의

문사위는 여러 제약과 한계로 진실을 규명할 수 없었다.

2004년 의문사위는 남민전이 당시 검찰과 경찰의 주장처럼 북한 정권과 직접 연계하고 그들로부터 지령을 받아 행동했는지에 대해서 과거 검찰과 경찰의 수사를 통해서도 확증된 바가 없다고 판단했다. 또한 생전의 이재문도 검찰의 그 같은 공소 사실을 시종일관 부인했고, 다른 남민전 관련자들도 오늘날까지 동일한 입장을 밝히고 있다.

위암이었어도 고문받았다

의문사위는 또한 경찰이 이재문을 서울구치소에서 남영동 대공분실로 이송해 계속 조사했으며, 이근안을 비롯한 대공분실 수사관들은 이재문이 위암에 걸려 오래 살지 못한다는 사실을 이미 알고 있었음에도 계속적으로 고문 등 가혹 행위를 했다고 밝혔다. 이어서 "이재문은 서울구치소에 수감되어 위암이 악화되었고, 외부 의사들이 외부 진료가 필요함을 구치소 측에 건의하였음에도 이를 외면하여 적정한 치료를 하지 못하여 사망에 이른 점을 인정할 수 있다. 따라서 이재문은 위법한 공권력의 행사로 인하여 사망하였음을 인정할 수 있다"고 판단했다. 그러나 의문사위는 이재문 사건이 "민주화 운동 과정에서 발생한 것인지 여부에 관해서는 '명백히 밝히지 못한 경우'에 해당한다"며 '진상 규명 불능'으로 판단했다.

그로부터 2년이 지난 2006년 3월, 민주화운동보상심의위원회는 남민전 사건 관련자 29명을 민주화 운동 관련자로 인정했다. 하지만 이재문, 신향식, 이해경에 대해서는 검토 미필로 심의를 보류했다.

한편, 남민전에 소속됐던 홍세화는 1979년 3월 무역회사의 해외 파견 직원으로 프랑스에 갔다가 남민전 사건이 알려진 뒤 아예 그곳에 망명했다. 홍세화가 겪은 남민전 사건과 관련된 이야기는 그가 망명 중에 쓴 베스트셀러 『나는 빠리의 택시운전사』에 실렸다.

02
7060

1964년 한·일 국교 정상화 반대 데모와 진압대 ⓒ한국정책방송원

11. 1975년
26년생 김희숙, 26년생 김종필
겨우 연명한 독립운동가 가족과
죽어서도 추켜세워진 쿠데타 주역

그녀와 그는 둘 다 1926년에 태어났다. 그녀는 2018년 7월 2일 세상을 떠났고, 그는 6월 23일 세상을 떠났다. 둘은 문자 그대로 똑같은 시대를 살았지만, 삶의 모습은 하늘과 땅만큼이나 달랐다. 여기서 그녀는 장준하의 반려자 김희숙 여사, 그는 김종필 전 총리다.

두 인물이 걸어온 너무나 달랐던 삶의 모습은 우리 현대사의 비극과 모순을 압축적으로 보여 준다. 그렇기에 그들 삶의 궤적을 비교해 되새겨 보는 일은 아무리 강조해도 지나치지 않는다고 확신한다.

장준하와 혼인한 김희숙

김희숙은 12세 때인 1938년, 자신의 선생을 처음 만났다. 그녀는 평안북도 정주가 고향이고 장준하는 평안북도 의주 출신이었다. 그녀의 외삼촌이 정주에 신안소학교를 설립했는데 선생이 교사로 부임했다. 그녀는 학생이었고 선생은 그녀 부모 집에서 하숙했다. 1943년 11월, 그녀는 소학교 시절 자신의 교사이자 같은 마을에 살던 8년 연상 선생 장준하와 결혼했다. 당시 일제가 여성들을 위안부로 마구 잡아 가자 집안 어른들이 서둘러 둘을 결혼시켰던 것이다.

결혼 후 일주일 만에 일제에 의해 중국으로 끌려간 남편은 1944년 7월 일본군을 탈출해 2,400km를 걸어 충칭에 있는 광복군에 합류했다. 남편은 국내 침투

1966년 서대문 전세집 문 앞에서 아내 김희숙, 아들 장호준과 작별인사를 하는
장준하 ⓒ장호준

작전을 위해 미국 정보기관의 특수 군사 훈련을 받다가
해방을 맞았고, 임시정부 요인들과 함께 귀국한 뒤 김
구의 수행비서로 일했다. 해방 후 서울에 도착한 남편
은 그녀에게 편지를 보냈고 그녀는 의주에서 서울로 와
1년 반 만에 재회했다.

　1946년 4월 남편은 김규식이 만든 한국청년회에 가
입, 그해 12월에는 이범석의 민족청년단에 가입했다.
1949년에 남편은 출판사를 설립하여 출판 활동을 하던
중 1949년 2월 한국신학대학교에 편입하고, 같은 해 6
월 졸업했다. 이후 「동아일보」 등에 사설과 칼럼을 발
표하다 1950년 3월 서기관(4급)에 임용돼, 문교부 국
민정신계몽담당관으로 일했다.

탈영했다가 재입대한 김종필

충남 부여에서 출생한 김종필은 1944년 3월 공주고등보통학교를 졸업했다. 고등학교 졸업 후 일본 주오대학교에 입학했지만, 학내 문제와 부친 권유로 곧 자퇴하고 귀국한 후 대전사범학교에 입학, 1945년 초 졸업했다. 그 후 그는 보령군 소학교 교사로 발령받았으나 2개월 후 교직 생활을 마무리했다.

해방 후 그는 부친이 사 준 집을 팔아 자동차 회사를 운영해 재력을 쌓았다. 그리고 1946년에 현 서울대학교 사범대학인 경성사범학교에 입학했다. 1948년 사범대 3학년이었던 그는 부친이 작고한 후 집안이 어려워지자 입대해 충남 온양의 육군 13연대에 배속된다. 그러나 구타와 굶주림을 견디지 못하여 1주일 만에 탈영했다. 그리고 친구 집을 전전하던 중 육사 교도대와 만나게 돼 자수하고 재입대했다. 그 후 육사 8기로 입학, 1949년 5월 소위로 임관했고 육군 정보국에 배치됐다. 그 뒤 참모직을 역임하고 1949년 12월에 중위, 1950년 한국전쟁 중 대위로 진급했다.

궁핍한 독립운동가 가족

김희숙의 남편 장준하는 한국전쟁 중인 1952년 부산에서 월간지 「사상계」를 창간했다. 이승만 정권을 비판한 「사상계」는 지식인들의 주목을 받았다. 원고 청탁·교정·제작·배본을 도맡았던 남편은 급할 때는 그녀의 손도 빌렸다.

사무실 임대료와 인쇄할 종이값이 없을 때 그녀는 자신의 외투를 팔아서 운영비를 댔다. 그 후 사무실도 없어 그녀는 부산 영도다리 밑 「리더스 다이제스트」 사무실의 망가진 책상을 빌려 쓰고 다방이나 공원에 앉아서도 원고 교정을 봤다. 그렇게 나온 잡지를 리어카에 실었다. 남편은 끌고 그녀는 밀면서 잡지를 부산 책방에 도매로 넘겼다. 그러다 1958년 「사상계」에 실린 함석헌의 '생각하는 백성이라야 산다'라는 글이 필화 사건에 휘말렸고 남편은 감옥에 구금됐다.

그 이후 1960년대 장준하는 「사상계」를 통해 5·16 쿠데타로 권력을 장악한 박정희 정권을 정면으로 비판했다. 특히 한일 수교 협상, 베트남 국군 파병을 통렬히 비판했다. 1965년 조국수호국민협의회에 참여해, 거리에서 한일 조약 반대 투쟁을 벌이기도 했다.

박정희는 5·16쿠데타 직후 「사상계」 사무실에 군인을 보냈다. 박정희가 수하를 통해 수표를 전달하고자 함이었다. 남편은 그 수표를 눈앞에서 찢어 버리고는 군인의 뺨을 후려쳤다. 박정희가 일본군 장교 출신인 것을 남편은 경멸했다. 박정희는 김대중·김영삼을 정적으로 생각했지만, 남편은 사상을 넘어 정통성까지도 박정희의 가장 아픈 치부를 꿰뚫는 눈엣가시 같은 존재였다. 그래서 그런지 나중에 박정희는 남편의 뿌리, 자손까지 없애 버리고 싶어했다.

그녀는 「사상계」가 날개 돋친 듯 팔리던 시절에도, 남편이 국회의원이 됐던 시절에도 궁핍하게 생활했다. 1962년 8월, 남편이 필리핀 정부로부터 막사이사이상 언론문학상을 받고 서울 신촌에 집을 지어 석 달간 살아본 게 그녀에게 '내 집'의 전부였다. 박정희 정권이 「사상계」에 세금을 강요하여 빚을 지고 그 집에서 쫓겨난 뒤로 3남 2녀를 둔 그녀와 남편은 월셋방을 전전했다. 남편에게 생활비를 받아본 적이 거의 없어서 그녀는 봉투 붙이는 일과 삯바느질 등으로 연명했다.

한번은 그녀가 가계부라는 것을 써보고 싶다고 하니, 얼마 후 남편이 생활비라며 봉투를 줬다. 너무 좋아서 그녀가 가계부를 만들었는데 이튿날 남편이 돈을 꿔 달라는 거였다. 남편은 그 돈을 친구 아들의 등록금으로 줬다. 결혼식 주례를 서고 받은 양복지도 어느 날 찾아보면 사라지고 없었다. 남편이 그녀 모르게 형무소에서 나온 제자나 어려운 이웃에게 준 것이다. 그녀가 바느질집에 가서 일하고 외상도 하면서 겨우 살림을 꾸려가고 있는 터라 서운해하면, 남편은 "내가 밥은 굶기지 않을게, 미안해요"라고 말했다.

결국 박정희 정권은 국가원수모독죄 등 혐의를 씌워 1966년과 1967년에 남편을 구속시켰다. 그러나 남편은 굴하지 않고 1967년 6월 7대 총선에 신민당 후보로 서울 동대문구에서 출마해 압도적 지지로 옥중 당선됐다. 그러자 박정희 정권은 부정 부패를 폭로한 김지하의 시 '오적'을 실은 것을 빌미로 1970년에 「사상계」를 폐간시켰다.

초대 중앙정보부장 김종필과 장준하의 만남

김종필은 1951년 2월 박정희의 형인 박상희의 장녀와 결혼한 뒤 한국전쟁 중 미 육군 보병학교로 연수를 갔다. 1952년 8월부터 1953년 5월까지 수색중대장으로 참전한 것을 제외하면 그는 계속 정보장교로 복무했다. 1960년 그는 하극상 사건으로 육군 중령에서 예편됐고, 그 후 「사상계」를 방문했지만 사장인 장준하가 부재 중이어서 만나지 못했다고 한다.

1961년 박정희를 도와 5·16쿠데타를 일으킨 김종필은 1961년 5월 20일부터 1963년 1월까지 초대 중앙정보부장을 지냈다. 1961년 7월에는 「사상계」의 필진 함석헌이 '5·16을 어떻게 볼까'라는 글을 기고하자 「사상계」 사장인 장준하를 불러 취조했다. 취조하면서 그는 함석헌이 쓴 5·16을 비판한 글을 문제 삼았다.

김종필: 정신분열자 같은 영감쟁이의 이 따위 글을 도대체 무슨 저의로 여기에 실었소? 성스러운 혁명 과업 수행에서 당신은 우리 군사 혁명을 모독하자는 거

요? 이걸 싣게 된 경위와 목적을 말하시오.

장준하: 이 글은 내가 직접 함 선생께 부탁해서 내 손
으로 받아다 내가 읽어 보고 싶은 것이오.

김종필은 중앙정보부장 시절 모든 민간 정치인들을
정치 규제로 묶어 놓은 상태에서 비밀리에 민주공화
당을 사전에 조직했다. 그러면서 정치 자금을 조달하
기 위해 불법 행위를 저지른 '4대 의혹 사건'이 세상에
드러나게 되면서 중앙정보부장을 물러나고 외유의 길
에 올랐다. 그러다가 군사 정권의 민정 이양이 결정되
자 귀국해서 민주공화당 국회의원으로 활동했다. 이 시
절 그는 당 내에서 독자적인 세력을 형성하여 박정희의
후계자로 여겨지기도 했다. 그러나 박정희 친위 세력의
견제로 다시 장기간 외유를 떠나기도 했다.

그는 1964년 일본 오하라 외상과의 막후 교섭으로
한일 협정 성립에 주요한 역할을 했다. 그러나 이때 박
정희 정권은 일제강점기 위안부와 강제 징용 피해자들
에게 전달해야 할 자금을 임의로 전용했다는 비판을 받
았다. 또한 그는 1965년의 한일기본조약으로 대한민
국 국민들이 일본에게 직접 배상을 받을 권리를 박탈하
고, 일본에서 이미 다 배상했다며 큰소리칠 수 있게 만
든 구실을 제공했다는 역사적 책임에서 자유로울 수 없
었다.

남편의 죽음과 고난

1973년 그녀의 남편 장준하는 민주통일당 창당에 참여, 최고위원에 뽑혔다. 1973년 12월 24일 남편은 전격적으로 개헌청원운동본부를 발족시켜 '헌법 개정 백만인 서명 운동'을 벌였다. 이로 인해서 1974년 4월 대통령 긴급조치 제1호 위반 혐의로 구속됐으며, '헌법 개정을 빙자하여 국론을 분열시키고 사회의 불안을 조성'했다는 죄목으로 징역 15년, 자격 정지 15년 형을 선고받았다. 그러나 그해 12월 심장협심증과 간경화 증세 악화로 인한 형집행정지로 출감했다. 출감 후 감회를 남편은 이렇게 밝혔다.

> "죽어서야 나올 줄 알았는데 학생들을 놔두고
> 혼자 나오니 가슴이 아프다"

출감 직후 김옥길 이화여대 총장 등이 방문했고, 입원 후에는 함석헌의 방문을 받았다. 그리고 퇴원 후 재야 세력 결집에 힘쓰던 중, 1975년 8월 17일 경기도 포천 약사봉에서 남편은 의문의 죽음을 당했다.

경찰은 이를 실족사로 처리했고, 박정희 정권의 탄압에 언론도 입을 다물었다. 남편을 잃은 후 그녀 김희숙은 매일 기도했다. 억울한 죽음의 진실을 밝혀 달라고 신께 빌고 또 빌었다.

하지만 그녀의 시련은 길고 모질었다. 박정희는 남편의 의문사 이후 중앙정보부를 통해 내내 가족을 철저히 감시하고 일체 어떠한 생계 수단도 가질 수 없도록 괴롭혔다. 정부의 감시를 받으며 삯바느질을 했고 성당에서 주검을 씻기고 수의를 챙겨 입히는 입관 봉사를 하면 주위에서 이것저것 챙겨줬다. 그렇게 그녀는 3남 2녀를 남편 없이 키우며 어렵게 생계를 유지했다.

가족까지 집요하게 괴롭힌 '그들'

아버지 죽음의 의혹을 밝히겠다고 동분서주하던 장남은 괴한들에게 테러를 당해 턱뼈가 조각나 석 달간 병원 신세를 졌다. 집 주변에는 박정희의 기관원들이 깔려 있었다. 8년간 창살 없는 감옥과 같은 생활을 해야 했다. 집주인이 "제발 나가 달라"고 했을 정도였다. 아이들이 해코지당할까 봐 늘 조마조마하면서 산 탓에 그녀는 심장병까지 생겼다.

자녀들은 취직도 원천 봉쇄됐다. 자녀들이 지인들을 찾아가서 취직을 부탁한 다음날이면 정보기관에서 그 회사에 압력을 가했다. 아는 사람이 보다 못해 자신의 서점에서 장남을 일하도록 해 줬지만 장남은 석 달 만에 스스로 나왔다. 기관원들이 매일 출근하다시피 하며 주인에게 "세금은 잘 내느냐"는 식으로 괴롭히는데 도저히 미안해서 더 이상 일할 수가 없었다.

수입이 없으니 연탄 살 돈이 없어 그녀와 자녀들은 겨울에는 냉방에서 떨었다. 끼니 해결조차 어려운 날이 많았다. 힘들었던 시절, 그래도 몰래 도와주는 사람들이 있었다. 아침에 일어나면 야밤에 누군가 몰래 담장 너머로 던져놓고 간 쌀이나 고기 한 덩어리가 있기도 했다. 심지어 그녀와 아이들을 감시하던 형사가 보기 딱했던지 김치 한 포기를 놓고 간 적도 있었다.

그녀에게 쌀 한 가마니를 보내 준 김옥길은 이튿날 중앙정보부에 끌려가 고초를 겪었다. 중앙정보부 요원들은 김 총장에게 '그 집에 쌀을 준 것은 곧 유신에 반대하는 것'이라는 기괴한 논리를 폈다.

박정희 정권의 치밀한 탄압에 셋집을 구하기가 어려워 나중에 흉가를 찾아 세 들어 살기도 했다. 사람들이 기피하는 집이니 월세도 싸고 주인 타박도 적었다. 그렇게 자주 쫓겨나는 바람에 남편의 의문사 후 이사만 서른 번 넘게 다녔다. 나중에는 그도 여의치 않아 며느리는 친정집으로 돌아갔고, 그녀와 3남 2녀 자녀들은 여관의 방 한 칸에서 6개월간 살았다. 돈이 없어 라면만 먹었다. 그러다가 살기 위해 사랑하는 자녀들과도 뿔뿔이 흩어져야 했다.

중앙정보부 요원들에게 테러를 당한 장남은 1979년 홀로 말레이시아로 도주했다. 한국에 있으면 언제 죽을지 모른다는 두려움이 있었고 아버지의 죽음도 언젠가 파헤칠 생각이었다. 막노동을 하며 버티다 1982년 정권이 바뀌어 '이젠 괜찮겠지' 싶어 귀국했다. 그러나 오산이었다. 그를 체포한 전두환 정권의 안기부는 재야인사와 운동권 학생들의 은신처를 대라고 장남에게 추궁했다. 그래서 장남은 감시가 느슨해진 틈에 다시 싱가포르로 도주했다. 그렇게 24년을 해외에서 떠돈 뒤, 그는 2003년이 돼서야 모국 땅을 다시 밟았다.

차남은 「조선일보」 기자를 하다가 쫓겨난 후 여러 직장을 전전했고, 삼녀는 남편과 함께 미국으로 건너가 30년 가까이 불법 체류자로 살았다. 사녀는 결혼 후 제주도에서 살았다. 고등학교를 중퇴하고 방황하던 막내는 뒤늦게 신학대학교를 나와 미국에서 스쿨버스 운전사 일을 하며 목회를 하고 있다. 남편을 앗아간 박정희 정권의 끈질긴 핍박은 이렇게나 잔인했다.

최장수 총리, 정계 은퇴, DJP연합

김종필은 1971년 공화당 부총재직을 맡고 제8대 국회의원에 당선됐으며, 같은 해 6월 국무총리에 취임함으로써 정계에 복귀 후 5년 6개월간 최장수 총리를 지냈다. 1979년 10·26사건으로 박정희가 사망하자 그는 여당인 민주공화당 총재에 선출됐다. 그러나 12·12군사반란과 5·17내란으로 정권을 장악한 전두환 신군부에 의해 정치 활동을 금지당했다. 그리고 부정축재자로 발표되며 강제로 일부 재산을 헌납하고 정계 은퇴 선언

1999년의 김종필 ⓒ미국 국방부

을 한 뒤 미국에서 은둔 생활을 해야 했다.

그러나 1987년 민주화 이후 그는 정치에 복귀해 민주공화당의 계승을 표방한 신민주공화당을 창당했다. 제13대 대통령 선거에서 노태우, 김영삼, 김대중에 이어 4위에 올랐다. 1989년에 그는 노태우, 김영삼과 의원내각제 개헌을 합의하고 3당 합당에 참여했다. 1998년 제15대 대통령 선거에서 2년 후 내각제 개헌을 조건으로 김대중과 연합했고, 결국 김대중은 대통령에 당선됐으며 그는 국무총리가 됐다.

그는 골프광이기도 했는데, 1999년 외환 위기 상황에도 골프를 중지하지 않고 친 실세 총리로 유명세를 떨쳤다. 그러나 집권 후 2년 이내 내각제 개헌을 약속하며 시작했던 그와 김대중의 연합은 1999년부터 흔들리기 시작했다. 그는 내각제 개헌 이행 유무와 햇볕정책에 대한 의견 차이로 2000년에는 김대중 대통령과 갈라서게 된다.

드디어 드러난 타살 정황, 임종 못 지킨 막내

김희숙은 2001년 서울시와 국가보훈처의 배려로 국가유공자 영구임대아파트에 입주, 독립유공자 연금을 받아 근근이 생활해 왔다.

2012년 8월 1일, 남편 장준하의 유골을 파주 통일동산으로 이장하며 검안하니 지름 6~7cm의 원형 상흔이 발견됐다. 그동안 추락사한 것으로 알려진 남편의 타살 정황이 드디어 공개된 것이다. 이 소식을 접한 그녀는 한 많은 자신의 삶을 회고하며 이렇게 말했다.

> "제 평생 가장 미안하고 마음 아픈 건 우리 애들이에요. 배 많이 곯게 하고, 하고 싶은 일도 못하게 하고 고생만 시켰으니까요. 남편에게 몹쓸 짓했던 군사 정부의 핍박이 아이들에게까지 오랜 기간 계속된 것이지요. 어린 막내가 배고프고 힘들다고 할 때 아버지가 큰 유산을 남겼다고 하면 그 유산 지금 먹으면 안 되냐고 했어요. 저는 그 유산은 대대손손 쓰는 거라고 말해 줬지요…"[1]

---

1 고 장준하 선생 부인 김희숙씨 "밤에 몰래 쌀·김치 넣어준 걸로 끼니 해결…

147

그녀는 2014년부터 췌장암, 심장병, 신부전증으로 온몸이 성하지 않았다.

2016년 미국에 살고 있는 그녀의 막내아들 장호준은 20대 총선을 앞두고 해외에서 박근혜 정권을 비판하는 언론 광고를 게재해 공직선거법 위반 혐의로 재판에 넘겨졌다. 2016년 3월 중앙선거관리위원회는 그를 공직선거법 위반 혐의로 서울중앙지검에 고발했다. 그는 2015년 말부터 해외 언론에 '불의한 정권을 투표로 심판합시다'라는 내용의 광고를 게재했다. 중앙선관위는 그가 선거를 앞두고 충분히 유추할 수 있도록 특정 정당을 비판했고, 이것이 선거에 영향을 줄 수 있다는 주장이었다. 중앙선관위의 요청을 받은 외교부 역시 2021년 4월 13일까지 그의 여권 효력을 무효로 하는 조처를 했다. 해외에서 선거법을 위반해 여권이 무효화된 사례는 2012년 재외 선거가 도입된 이후 장호준이 처음이었다.

2018년 4월 서울중앙지법 조의연 판사는 막내에게 벌금 200만 원을 선고했다. 그는 "검사가 벌금 70만 원을 구형했는데 판사가 벌금 200만 원을 내라고 판결한 것"이라며 "정치적인 사건에서 판사가 검사의 구형보다 더 높은 징계를 내리는 것은 이례적인 일"이라고 평했다. 그리고 재판부의 1심 판결에 대해 항소를 제기했다.

이사만 30차례 넘어", 경향신문. 2012. 8. 27.

김희숙과 장하준의 막내아들 장호준 ⓒ장호준

그래서 막내는 그녀의 임종을 보기 위해 입국하려면 항소심을 포기해야 했다. 하지만 그는 당장 입국하지 못하더라도 항소심은 포기할 수 없다고 했다. 그는 자신의 페이스북에 "이제는 어머님이 말씀조차 못하실 만큼 위독하시지만, 저는 제 어머니께서는 당신의 자식이 옳고 그른 것을 가리기 위해, 정의로운 일을 위해, 항소를 포기하지 않고 끝까지 싸우는 모습 보시기를 더 원하시리라 믿는다"라면서 "동지 여러분들의 염려와 걱정 진심으로 고맙습니다만 저는 아버지의 삶과 제가 믿는 어머님의 뜻을 따라 항소를 포기하지 않을 것"이라고 말했다.

의식을 잃기 전까지 김희숙은 자신의 임종을 보고 싶어하지만 입국하지 못하는 막내를 많이 그리워했다. 2018년 6월 27일 그녀와 막내는 마지막으로 국제전화 통화를 했다. 그녀는 통화할 수 없는 상황이었지만 막내가 목소리를 크게 높여 수화기 너머로 이런저런 말을 했고 그녀가 조금 반응을 했다. 그 후 그녀는 의식을 잃고 7월 2일 고난에 찬 삶을 마쳤다.

줄어든 김종필의 영향력, 그리고 죽음

매번 대선 때마다 영향력을 과시하던 김종필이었지만 2002년 16대 대선을 앞두고는 이미 고령의 나이였고 2000년 총선 참패 등으로 세가 크게 위축된 상태였기에 아무런 역할도 하지 못했다.

2004년 제17대 총선에서 낙마하고 그는 정계를 은퇴했다. 사상 첫 10선 국회의원을 노리던 그의 꿈도 물거품이 됐다. 그러나 2007년 대선에서는 이명박을 지지했고 부족하나마 소원을 이뤘다. 2016년 들어서는 대권을 준비 중인 반기문이 외교행낭을 통해 편지를 보냈고, 그는 "내가 비록 힘은 없지만 마지막으로 혼신의 힘을 다해 (반기문을) 돕겠다"라고 화답했다.

그리고 2017년 19대 대선 당시 홍준표 자유한국당 후보가 그를 방문했다. 그때 그는 문재인 더불어민주당 대선 후보를 향해 비난을 퍼부었다. 그는 "문재인이 같은 그런 얼굴은 대통령이 될 수가 없는데 세상이 우스워졌다"라면서 "앞선다고 그러는데 말이 안 되는 소리"라고 말했다. 또한 "난 뭘 봐도 문재인이가 돼서는 안 되겠다, 이런 생각을 갖고 있다"라며 "문재인이 얼마 전 한창 으스대고 있을 때 한 소리가 있다, 당선되면 김정은을 만나러 간다고, 이런 놈을 뭘 보고 지지를 하느냐는 말이냐, 김정은이가 지 할아버지라도 되나? 빌어먹을 자식"이라고도 했다.*

2018년 6월 23일 아침. 그는 신당동 자택에서 호흡곤란으로 순천향병원으로 이송 중 심장이 정지했다. 응급실 도착 후에도 심폐소생술을 지속했으나 사망했다. 그런 그에게 인권 변호사 출신 대통령의 정부는 국민훈장 무궁화장을 수여했다.

역사의 역설, 역설의 역사

김종필은 5·16쿠데타의 주동자이자 박정희 군사 독재 정권의 2인자였다. 항일 독립군이자 민주화 운동가의 자손인 김희숙의 막내아들은 '불의한 정권을 심판하자'라는 광고를 냈다가 박근혜 정권하에서 여권을 취소당해 어머니의 임종도 못 지켰다. 그러나 군사 독재 쿠데타의 주역인 김종필의 죽음 앞에 놓인 것은 훈장이었다. 이런 세상에 우리가 살고 있다.

아! 지금의 대한민국을 어떻게 이해해야 할까! 이 두 인생의 삶과 죽음을 보면서 슬픔과 비애가 눈앞을 가린다.

----

* 김종필, '후보 문개인'에 막말… "이런 X을 뭘 보고, 빌어먹을 XX". 이데일리. 2018.6.24.

12. 1973년
"호소한다, 나의 형은 이렇게 죽었다"
박정희 정권 의문사 1호 최종길과
동생 최종선

1973년 10월 16일, 최종길 서울대학교 법과대학 교수는 당시 중앙정보부 직원이자 막냇동생인 최종선과 함께 조사를 받기 위해 중앙정보부에 자진 출두했다. 그로부터 사흘 후인 19일 새벽, 최종길 교수는 중앙정보부 건물 앞에서 사체로 발견되었다.[*]

당시 중정에 근무한 최종선은 형의 사망을 통보받은 후 사체가 있던 장소를 직접 보고 타살임을 직감했다. 그래서 그는 "형님의 죽음을 이렇게 헛되이 덮어 버릴 수는 없다는 복받치는 감정으로 그 즉시 (중정) 정문을 뛰쳐나와 택시를 잡아탔다." 그리고 최종길 교수의 시신이 있는 국립과학수사연구소로 갔다. 그러나 입구에서부터 미리 나와 감시 중이던 중정 직원들에 의해 제지당했다. 그는 자신을 붙잡으려는 그들을 뿌리치고 뛰쳐나와 택시를 타고 서울 시내로 들어갔다. 달리는 택시 안에서 그는 어디로 갈까 생각했다.

"국회로? 국회의원 치고 용기 있는 자가 남아 있었던가? 서울대로? 그들의 죽음과 희생을 더하는 이외에 그들로부터 얻을 게 무엇인가? 학생들은 내가 보호해야 할 어린 세대이지 그들을 희생시킬 수는 없지 않은가? 동아일보사로? 국내 매스컴이 어디로부터 어떻게 통제받고 있으며 최근 신문에 여백으로 보도

[*] 참혹하게 맞아 죽은 서울대 교수... "식은이 넣자"는 검사. 오마이뉴스. 2020.3.16.

최종길 교수의 사망 현장 사진 ©의문사위 자료

내용이 지워져 있는 경우를 직접 봐서 알고 있는
나로서는, 그곳도 아무런 힘이 되어 줄 수
없으리라는 절망 그 이상 아무것도 아니었다.
해외 언론으로? 까맣게 먹칠되어 국내에 배포되는
「뉴스위크」등 외국 간행물… 미국 대사관? 서독
대사관? 과연 그들이 국제 관례를 깨고 남의 나라 한
개인의 문제에 내정 간섭을 하면서까지 한국인인 우리
가족을 위해 힘이 되어줄 수 있을 것인가?"

결국 최종선은 당시의 절박한 심정을 피를 토하듯이
이렇게 말한다.

"내가 달려가 호소할 곳이라곤 이 넓은 천지에 단 한
곳도 없는 것이었다. 국민이 알아야 여론이 조성되고,
여론이 조성되어야 그 여론의 보호를 받으며 싸울 수
있지 않겠는가? 그야말로 그들(중앙정보부) 말대로,

섣불리 경솔히 굴다간 여론이 조성되기도 전에 우리만 오욕 속에 개죽음할 뿐인 것이다. 이 나라 이 시대를 사는 사람이면 그 누구도 나와 같은 상황에서는 마찬가지일 수밖에 없을 것. 이것이 바로 우리가 살고 있는 시대이며 현실인 것이다. 아니 저명한 교수의 현실이, 정보부원의 현실이 이 정도인데 하물며 평범한 시민의 경우에서이랴!"

1947년생인 최종선은 그의 형 최종길 교수가 자신의 직장인 중정에서 직장 동료들에게 비참하게 맞아 죽었을 때 불과 26세 청년에 불과했다. 20대 젊은이인 그에게 부과된 역사의 짐, 박정희 독재 정권이 부여한 고통과 한을 나는 도저히 언어로 표현할 수 없다. 현재 그는 미국에 살고 있고 나는 영국에 살고 있다. 대서양을 건너 우리가 한 달간 주고받은 내용의 일부를 정리하여 우리 시대 앞에 내놓을 뿐이다.

"후일을 기약하기 위해 일단 살아남아야 했다"

-1972년 중정에 수석으로 합격해 감찰실에 근무하게 되었는데 중정에서 근무하기로 마음먹은 동기가 있었는지?

"당시 연세대 상경대 경영학과면 삼성, 현대 같은 대기업을 목표로 하는 게 일반적이었는데, 나는 삼성을 가면 이병철, 현대를 가면 정주영 같은 개인에게 종속되어 그들 개인의 부를 불려 주는 도구로 인생을 바쳐야 한다는 점에 그건 아니라는 생각이 들어 아예 그쪽을 목표로 하지 않았다. 한 개인, 한 기업보다는 나라에 인생을 바치는 게 더 보람 있는 길이라 생각하고 공무원 공채 시험 준비만 했다. 그때 중정 해외정보관에 자리가 있다는 이야기를 들었다. 그리고 마침 중정 공채 시험이 있기에 응시해서 합격하고 1년간 교육을 받았다. 교육 후 발령 난 곳이 희망했던 해외 부서가 아닌 부장 직속 감찰실이어서 거기에서 첫 직무를 시작하게 되었다."

—1973년 형 최종길 교수가 자신이 근무하던 중정에 조사받으러 간 후 뜻밖에 의문사를 당한 일이 평생 충격과 한으로 남았을 것으로 짐작한다. 당시 불과 20대 중반의 나이에 그런 엄청난 고통과 충격을 어떻게 극복하였는지?

"지나고 보니 어떻게 지나왔나 모든 게 다 꿈만 같다. 형님이나 나나 민주화 운동을 하다 겪은 일이라면, 적어도 한두 명이라도 우리 주변에 힘을 함께 할 동지가 있었을 것이고, 그랬다면 어쩌면 그들과 힘을 합해 싸우는 길로 마음을 먹었을지도 모른다.

그러나 중정이 형님을 민주화 운동과 관련해 죽인 것도 아니고 빨갱이로 누명 씌워 죽였으니, 빨갱이라고 누명 씌우면 누구도 가까이 오지 않는 그런 공포의 시절에, 나에게 다른 선택은 없었다. 후일을 기하기 위해서는 일단 우선 살아남아야 했다. 나는 형님의 의문사 후인 1973년 10월 세브란스병원 정신병동에 위장 입원했다. 형님의 의문사에 대한 글을 쓰기 위한 최적의 장소로 그곳을 선택했다. 중정의 감시 범위 속에 남아 그들을 안심시키면서 내가 뜻하는 글을 제한받지 않고 쓸 수 있는 곳은 그곳밖에 없을 것으로 생각했다.

당시 내가 그 글을 쓰지 않으면 안 되었던 것은, 형님의 죽음과 그 진상, 그 죽음의 의미에 대해서 고문과 살인에 관련된 자들을 제외하고는 나만큼이나마 알고 있는 사람이 아무도 없었기 때문이었다. 시급히 글을 남기고자 했던 것은 내게 있어 장래는, 아니 내일조차 불투명하기 때문이었다. 그때 언젠가 진상을 규명할 기회가 주어진다면, 조그만 첫걸음이나마 되어 주기를 기원하는 마음에서 썼다.

형님은 일찍이 스위스 취리히대학교에 유학하고 독일 쾰른대학교에서 29세의 젊은 나이에 법학 박사가 되셨다. 미국 하버드대에서 위대한 학자, 애국자, 친구라고 불렀던, 그리고 모교인 서울대 법대 정교수로 강의와 저술에 전념하시던 의지의 지성, 집념의 학자셨으며 한 잔의 차, 한 권의 책, 한 잔의 술, 한 마디의 다정한 대화 속에서도 무한한 충족과 감사의 마음을 가질 수 있었던 분이었다. 두 남매에게는 아버지이기 전에 다정한 친구였고, 아내에게는 어려운 남편이기보다는 투정 많은 큰 어린이였고, 강아지가 어깨에 매달려 뺨을 핥던 정겨운 사람이었다.

형님은 민법학자로서 개인의 사유 재산 제도가 절대적으로 보장되는 고도의 자본주의 체제, 개인의 인권이 보장되는 고도의 민주주의 체제를 지향하는, 민주자본주의 체제의 기본법인 민법을 전공한 법학 박사셨다. 따라서 민주주의·자본주의에 대한 소신과 신념은 그 누구보다 확고했으며, 모든 학문적, 사상적 기초가 되었던 것이다.

형님은 형수와 두 자녀를 데리고 하버드에 있을 때 그대로 미국에 정착하라는 많은 사람들의 권유를 뿌리치고 귀국했다. '노랑머리 속에서 조국을 위해 무엇을 할 수 있으며, 하면 얼마나 할 수 있겠는가? 돌아가서 법대생들의 배움의 의지에 불타는 또랑또랑한 눈망울 앞에 서는 것만이 내 소망이며 사명'이라면서 뿌리치고 귀국했다가 잔혹한 죽임을 당한 것이다.

언젠가 자녀들이 자라나 '우리 아버지는 정말 조국을 배반한 역적이었으며, 그렇게 비참하게 죽어 가야 했을 만큼 큰 죄를 지은 반역자였나요?'라고 묻는다면 나는 그들에게 무엇을 말해야 할 것인가를 생각했다. 진실을 형님의 자녀 또 나아가서 사회에 올바로 알리는 것은 작은아버지로서, 고인의 피를 나눈 형제로서, 이 어두운 시대를 산 한 젊은 시민으로서의 사명이라고 믿어서 형님의 의문사에 대한 기록을 남기고자 했다."

"하루하루 하늘에 목숨 건다는 심정으로 살았다"

-형이 의문사를 당한 후에도 중정에서 무려 7년을 더 근무했는데 그 지옥 같은 시간을 어떻게 견디셨는지?

"하루하루를 하늘에 목숨을 건다는 심정으로 살았다. 많은 사람들이 내가 그들에게 무릎 꿇지 않고서야 어떻게 그 속에서 살아남을 수 있었을까 생각하며 내가 그들에게 더 잘 보이려고 더 악랄하고 더 충실하게 그들에게 꼬리를 치며 비굴하게 살았을 걸로 생각하며 지레 짐작들 하지만, 천만의 말씀이다.

예로 들면, 그들이 형님 죽음을 보상한다며 제시했던 천문학적인 합의금 중 단 1원이라도 나와 내 가족이 그들로부터 받았다면 바로 그 순간에 우리는 그들에게 형님의 죽음을 돈으로 판 게 될 것이고 그들에게 무릎을 꿇은 게 될 것이지만, 나와 우리 가족은 그들로부터 형님 죽음과 관련해 단 1원 한 장 받은 게 없다.

그건 무엇을 뜻하는 것일까? 아직 아무것도 안 끝났다는 것을 의미하는 것이다. 무엇이 아직 안 끝났다는 것인가? 우리의 싸움이 아직 안 끝났다는 것을 의미하는 것이다. 나는 그 7년여를 그들과 나의 끝나지 않은 싸움, 언제든 때가 오기만 오면 그때 보자 하는 앙앙블락·와신상담의 팽팽안 긴장 관계를 유지하며 가족의 안

전과 나 나름대로의 자존심과 오기를 지켜가며 버텼다.

나는 중정 안에서 여건이 허락하는 한 내 직무 범위 안에서 가능한 한 민주 학생, 민주 인사들을 보호하며 살리는 쪽으로 일했다. 여건이 허락하는 한이라는 의미는, 내가 형님 사건을 규명하라고 요구하지 않는 선이었다. 나로서도 때가 오지 않으면 요구해 봤자 되지도 않을 일이니 때를 기다려야 했으므로 경솔히 요구하지 않고 기다려 왔으나, 내 재직 중에 그럴 만한 때가 온 적이 없으니 그들과 그 일로 부딪칠 일은 일어나지 않았다.

다른 한편으로는 때가 오기를 7년을 기다려 왔으나, 드디어 '서울의 봄'이 오고 한껏 부풀었었지만, 박정희보다 더 악랄하고 더 잔인한 전두환이 광주에서 나라의 주인인 국민을 살육하는 것을 보고, 더 이상 민주주의를 기다릴 기력을 상실하고 절망해 중정을 걷어차고 나오게 되었다."

–서울 법대 교수이던 형님이 중정에서 억울하고 참혹하게 맞아 죽었는데 왜 그런 중정과 안 싸웠느냐는 주위의 질책은 없었나?

"우선 나는 민주 투사가 아니고 정보부원이다. 나는 싸우는 게 훈장이 되는 민주 투사로서가 아니라, 교활한 그들 정보부원들보다 한 층 더 교활한 정보부원으로 그들과 팽팽한 긴장 관계를 유지하며 나와 내 가족을 보호했다. 솔직히 나는 싸운다는 게, 더 이상 피를 흘린다는 게 억울한 마음도 확실히 있었다. 우리가, 우리 가문이 흘려야 할 피는 차고 넘치게 흘렸다. 왜 우리만 또 피를 흘려야 한단 말인가, 자문하기도 했다.

나는 형님의 죽음에 겁먹고 덜덜 떨고 숨죽이고 엎드려 있던 소위 지성인·민주 인사들이라는 자들의 위선과 비굴함을 경멸했다. 도대체 누구 좋으라고 우리가 또 피를 흘린단 말인가? 나는 민주 투사가 아니라 뼛속까지 정보부원, 중정 최고 정예 정규 과정 9기의 수석 출신 정보부원으로서, 내 방식의 길을 택했고 지금도 그 점에 후회는 없다. 그래서 중정 안에 남아 정보부원답게 형님 죽음의 진상과 증거 등을 확인하고 확보하기도 하면서 때를 기다렸다.

그 결과 실제로 형님을 죽인 고문 살인 수사관을 발견했다. '호랑이굴 한가운데로 들어가 살인자들을 찾아내겠다'는 마음으로 정보부로 돌아간 보름 뒤쯤인 1973년 11월 28일 감찰실 게시판에 '부회보 제42호'가 게시되었다. 이 서류 원본을 훔쳐 15년간 비밀리에 보관하다가, 1988년 검찰의 진상 조사 시 증거 자료로 제출해 검찰과 정보부가 고문 수사관이 누구인지 끝까지 은폐하지 못하고, 드디어 고문 수사관의 이름이 드러나게 되었다.

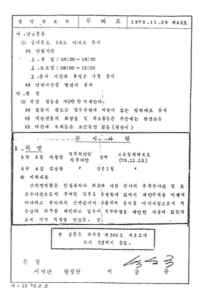

고문 수사관의 이름이 드러난 중앙정보부 부회부 제42호 ⓒ최종선

처벌

5국 3을 차철권 직무위반 및 직무태만 견책

5국 4갑 김상원 직무위반 및 직무태만 감봉 1월

※ 비위 내용

상기 명 직원은 간첩 용의자 최 모에 대한 수사의 주무수사관 및 보조수사관으로서 부여된 임무를 수행함에 있어서 제반수칙을 이행치 아니하고, 용의자의 신변관리에 소홀해 물의를 야기시킴으로써, 직무상의 의무를 위반하고 맡은 바 직무수행을 태만한 사실이 있는 자로서 각각 처벌을 받았음. 끝

나는 즉시 위 회보 제42호 원본을 게시판에서 몰래 뜯어내서 곧바로 형수 집으로 직행해서 형수에게 드리고 생명을 걸고라도 안전하게 보관하도록 말씀드렸다. 다음날 출근하니 감찰실 총무과에서는 그 서류 원본이 없어졌다면서 발칵 뒤집혀 있었다. 그들은 그 대외비 문서를 떼어 갈 사람이 나 아니면 누가 더 있겠느냐는 확실한 심증은 갖고 있었으나, 이제 가까스로 설득해서 다시 출근한 지 며칠 되지도 않은 나를 자극해 봐야 득될 게 없다고 판단했는지 그냥 유야무야 넘어가고 말았다.

형수는 이 서류를 15년간, 때로는 천장 위에 때로는 이불 속에 넣고 꿰매는 등 온갖 방법으로 감추어 오다가 지난 1988년 검찰 진상 조사 시 원본을 증거로 제출했던 바, 이 원본은 그 이후 검찰 기록에 증거로 첨부되어 보관 중에 있을 것으로 추정된다."

"국민에 대한 공포 수단으로 간첩 사건 조작"

-사건을 정리하여 2001년에는 『산 자여 말하라: 나의 형 최종길 교수는 이렇게 죽었다』를 펴냈고 2020년에는 『산 자여 말하라: 겨울공화국 이야기 II, 어떤 죽음』을 냈다. 당시 중정에서는 왜 온건한 학자인 최종길 교수를 그렇게 잔인하게 고문해 죽였다고 생각하는지?

"1973년 10월 2일 서울대에서 유신 반대 학생 시위가 있었다. 그 시위로 당시 학생들과 이수성 서울대 법대 학생과장 등이 중정에 연행되어 구타와 고문을 당했다. 당시 도서관장실로 찾아온 중정 2국 서울대 담당관 김 아무개에게 형님은 '학원에 기관원이 출입하고 학생 교수들을 연행해서 고문하고 핍박하는 것은 나치 히틀러의 게슈타포에서나 하는 짓'이라고 항의했다. 또 형님은 서울대 총장이 대통령에게 항의해야 한다고 주장했다.

그러자 당시 검사 출신 중정 차장 김치열과 대공수사국장 안경상, 그리고 그 수하 고문 수사관 차철권·김상원·변영철·양명율·양공숙·김종한·고병훈·정낙중·안흥용·장송록 등에 의해 형은 고문 살해당했다. 그리고 그것도 모자라 중정은 형의 억울한 죽음에 간첩의 누명까지 씌우고 남산 중정 건물 6층 옥상에서 던져 투신자살로 위장했다.

박정희는 군사 독재에 저항하는 민주 세력과 국민 모두를 겁주려는 공포의 수단으로 간첩 사건을 조작했다. 자신이 남로당 프락치로서 동료들을 고발하고 살아남은 전력이 있는 빨갱이인 박정희는, 자신을 의심하는 미국과 국민에게 자신이 빨갱이가 아니라 반공주의자라는 표시를 하기 위해 수많은 간첩 사건을 조작해 자신의 정적과 민주화를 요구하는 많은 민주 세력들, 때로는 순진하고 순박하기 이를 데 없는 어부에 이르기까지 간첩·빨갱이로 몰아 죽였다.

박정희는 유신 1년이 지나도 유일하게 꺼지지 않고 타오르는 대학의 저항 불꽃에 찬물을 끼얹을 만한 쐐기를 박고, 나아가서 학원에 대한 강력한 탄압 정책을 펴나가야 할 명분과 계기 조성이 필요했다. 그리고 김대중 납치 사건으로 인해 세계 여론과 학생, 국민들의 지탄을 받는 수렁에서 헤어 나오기 위한 무엇인가 동기 조성이 필요했다.

이즈음 국민의 시선을 김대중 납치 사건 밖으로 돌리고, 뜻대로 잘 안 된 이 사건으로 예기치 않은 불안한 틈을 보이게 된 공포 정치의 나사를 조여야 할 명분과 계기가 절실히 필요했다. 이때 바로 학원 사태의 핵인 서울대 법대의 교수가 정보부 안에서 반역자의 누명을 쓰고 억울하게 희생양으로 죽어 간 것이다."

"싸울 힘도 없었고 도움받을 세력도 없어"

-최종길 교수 가족은 왜 당시 씌워진 간첩 누명에 치를 떨면서도 한 마디 외침도 없이 침묵할 수밖에 없었는지?

"단도직입적으로 답변한다면, 싸울 힘도 없었고 그렇다고 도움받을 세력이 있는 것도 아니었으니 다른 선택이 있을 수가 없었다. 자칫하면 가족 간첩단이 되어 우리 가문만 멸문지화를 당하게 될 절체절명의 순간이었다. 우선 살아남아야 다음이 있을 수 있는 것 아니겠나? 나는 살아남아 후일을 기약하고자 형님의 싸늘한 시신을 옆에 둔 채, 그들과 머리 싸움을 하며 그야말로 흥정을 했다. 나는 지금 또 같은 상황이 온다고 하더라도 같은 선택을 하게 될 것이다.

그래서 나는 그들에게 다음 세 가지를 부장이 서명한 서면으로 보장해 줄 것을 요청했다. 그들이 세 조건을 지키기로 약속했기에 우리는 그들과의 약속에 따라, 형님의 장례식도 조용히 치렀고, 「워싱턴 포스트」 돈 오보도퍼 기자의 인터뷰에 응하지 않고 침묵을 지키며 후일을 기약했다.

첫째, 중정의 살인 행위를 은폐하고 이로 인한 저항을 억누를 목적으로 형의 죽음에 반역자로의 누명을 조작해 발표함으로써 형의 명예를 더럽히지 말 것. 중정이 형의 명예만 지켜주면 우리는 형이 중정에서 돌아가셨다는 사실을 숨기고 교통사고로 돌아가셨노라고 침묵할 테니 날조된 누명을 씌워 발표함으로써 형을 두 번 죽게 하지 말고 중정도 침묵을 지킬 것.

둘째, 일체의 사상 관계 기록에 날조된 내용을 기재하는 등 사상적 제한을 가하지 말 것. 고인이 남긴 두 자녀가 아버지의 뒤를 이어 쾰른대학이나 하버드로 유학하고 싶다면 자유롭게 갈 수도 있도록, 그들이 설혹 검사가 되어 아버지의 죽음을 규명하고자 한다면 그렇게 될 수도 있도록, 그들이 원하는 것이 무엇이든 자유롭게 추구하면서 살아갈 수 있도록 일체의 사상적인 제한을 가하지 않도록 보장할 것.

셋째, 중정의 살인 행위를 은폐할 목적으로, 형님에게 날조해 뒤집어씌우기로 한 범죄를 합리화하기 위해 죄 없는 형의 친지, 동료 교수, 제자들에게 형에게 가한 고문을 가해 허위 증거를 조작하지 말 것.

그리고 만약 이 세 가지를 서면으로 보장하지 않으면 나는 결코 형님 사체 검시에 입회할 수 없다고 주장했다. 이 세 가지 사항을 내가 주장한 이유는 그들과 계속 끌고 당기면서, 시간을 끌면서, 내심 나 나름대로 다음과 같이 생각했기 때문이었다.

나는 그들도 사람의 탈을 썼다면 사람까지 죽여 놓고 한 약속이니 그 약속은 지켜 줄 것으로 믿었다. 하지만 그들은 형님 사건이 일본 「산케이신문」에 보도되어서 그 신문의 국내 배포를 일시 중지시켜 놨다면서 '어떻게 국가가 사람을 죽였다는 국제적 비난을 받게 되면서 침묵할 수 있겠는가, 운명으로 알고 참아 달라'면서 '나머지 두 개 조건은 꼭 지켜 주겠다'고 일방적으로 통보했다. 하지만 1973년 10월 25일 중정 차장 김치열과 대공수사국장 5국장 안경상 등이 갑자기 TV 기자 회견을 열어 형님이 간첩 혐의로 조사를 받다 중정 7층 건물에서 투신자살했다고 발표하며 일방적으로 나와 한 약속을 깼다. 나는 이 뜻밖의 기자 회견 중 졸도를 가장해 쓰러지면서 세브란스 병원에 응급으로 위장 입원했다. 그리고 병원 지인들의 도움으로 정신과 병동에 독방을 얻었다. 그로부터 내가 알고 있는 형님 죽음의 진상을 기록한 유언 수기 초안을 작성한 후 1973년 11월 11일 퇴원했다."

"국민이 깨어나 스스로 지킬 수 있게 되기를"

-오늘날 대한민국은 형을 고문해서 죽인 중정 수사관 차철권 등이나 광주 학살범 전두환의 하수인들이 엄연히 눈을 시퍼렇게 뜨고 살아 있는데도 불구하고 왜 그런 가해자들에게는 책임을 묻지 않고 있다고 보나?

"국민이 아직 깨어나지 못해서라고 생각한다. 박정희·전두환의 잔당 세력들이 존재하는 한 어느 정부도 과감하게 인권과 민주주의를 위한 정의로운 정책을 펴 나갈 수가 없는 것이다. 언제나 박정희·전두환 잔당들이 발목을 잡기 때문이다. 우매한 국민이 여전히 그들에게 표를 주는 한 그들을 척결하고 민주주의를 바로 세울 강력한 법을 국회에서 입법 통과시킬 수가 없으니 아무것도 못하는 것이다. 국민들이 깨어나 자신들의 운명을 스스로 지킬 수 있게 되기를 간절히 기대해 마지 않는다."

-지난 2020년 2월에 안타깝게도 국회 과거사법 처리는 결국 무산되었다. 박정희·전두환 정권기 국가 폭력으로 억울하게 생명을 잃은 최종길 교수를 포함한 의문

사 희생자들과 관련해 하고 싶은 말이 있는지?

"프랑스의 나치 부역자 처단과 드골의 주장은 단순했다. 국가와 민족을 배반한 나치 협력자들을 제거하지 않으면 그들이 만든 썩은 종양들이 종국에는 나라를 부패시켜 프랑스를 망하게 만든다는 것이었다. 드골은 '국가가 애국적 국민에게는 상을 주고 민족 배반자나 범죄자에게는 벌을 주어야만 비로소 국민들을 단결시킬 수 있다'고 확신했다.

한국에서는 친일파 진상 규명 등 과거사 청산 문제가 항상 현안으로 대두되고 있지만 독일의 나치 통치를 겪었던 유럽의 각국에서는 이와 같은 일이 일어나지 않았다. 그것은 프랑스 등 독일에 점령되었던 각국이 독일 치하에서 벗어나자마자 나치 협력자들을 철저하게 처벌했기 때문이다. 더구나 가해국인 독일조차도 1946년 뉘른베르크 국제 전범 재판 등을 통해 나치 지도부를 숙청했다. 서독이 영국과 프랑스 등 승전국과 동등한 자격으로 서방국의 대열에 성공적으로 합류할 수 있었던 것도 각국에 큰 피해를 준 나치 전범을 철저히 사법 처리해 후유증을 최소한으로 줄였기 때문이다.

국가기관에 의한 고문 살인 등 반인륜 범죄에 대해서는 프랑스처럼 또 독일처럼 공소시효가 없이 끝까지 추적해 엄벌할 수 있는 '반인륜범죄처벌법' 같은 것을 만들어 민주주의를 굳건히 세우고, 나라의 기강이 바로 서도록 해 주시기를 간절히 건의드리고 싶다."

13. 1972년
'유럽간첩단' 박노수의 억울한 죽음과 김종필 측근을 사형시킨 박정희

박노수는 1953년부터 미국 하와이대학교에서 유학하다 1955년에 27일간 잠시 귀국했다. 그 후 그는 일본 도쿄대학교 법학부로 유학을 갔다. 일본 유학 중인 1961년에는 영국 캠브리지대학교 초청으로 동대학 법학부에 입학하고 1966년 결혼해 캠브리지대에서 초청 연구원으로 근무하고 있었다.

김규남은 박노수 교수의 도쿄대 동창으로 1967년 7대 국회의원 선거에서 김종필의 추천으로 공화당 전국구로 당선된 여당 국회의원이었다.

김판수는 서울대 영문과 재학 중 친구의 외삼촌 박노수 교수의 주선으로 1966년 영국과 덴마크로 유학 가 2년간 공부하고 귀국했다

1960년대 독일은 분단국가였지만 공산주의 진영이었던 동베를린과 자유주의 진영이었던 서베를린의 교통이 자유로웠다. 그래서 자유로운 분위기 속에서 위세 사람, 박노수·김규남·김판수 등은 다른 외국인들처럼 동베를린을 방문했다. 그리고 그 와중에 박노수와 김규남은 북한도 한 번 방문했다. 이들은 평소 남북 관계 개선과 미래의 평화 통일 문제에 관심이 많았고 북한에 대해 학문적 호기심도 많았다. 문제는 박정희 정권의 허가를 받지 않은 이들의 방북이 국가보안법과 반공법 위반 사항이었다는 점이다.

1966년 이들의 무단 방북이 있고 나서 3년 후인 1969년 2월에 박 교수는 영국 캠브리지대 생활을 정리

하고 15년 만에 국내 대학교에 직장을 얻어 고국에 돌아왔다. 오랜 해외 생활 탓에 그의 국내 인맥은 당시 김종필의 측근인 김규남 공화당 국회의원과 외조카의 친구 김판수 외에는 별로 없었다.

금의환향의 꿈을 안고 박 교수가 입국한 지 두 달 만인 1969년 4월, 이들은 모두 간첩 혐의로 중앙정보부에 연행되어 조사를 받는다. 중정은 그가 귀국하기 2년 전인 1967년에 터진 동백림 사건*을 조사하는 과정에서 우연히 이들이 무단으로 동베를린과 북한을 방문한 사실을 알게 됐다.

가혹한 고문 조사를 받고 나서 3년 후인 1972년 캠브리지 법대 교수였던 박노수와 김종필의 측근이자 여당인 공화당 국회의원 김규남은 '간첩죄'로 사형장의 이슬로 사라진다. 그리고 이들의 후배 김판수는 국가보안법 위반 죄 등으로 5년 형을 받고 수감 중 1973년 가석방됐다.

박정희의 처조카 김종필의 추천으로 공화당 국회의원이 되었던 김규남과 그의 친구 박노수 캠브리지대 교수는 과연 사형 선고를 받고 형장의 이슬로 사라져야 마땅했던 간첩이었던 것일까? 그들이 간첩이 아니었다

---

* 동백림은 동베를린을 한자로 음차한 것이며 중앙정보부가 독일에서 활동하고 있던 음악가 윤이상과 화가 이응노, 시인 천상병 등의 인사들을 납치하여 고문, 조사를 한 후 서유럽에 거주하는 한국 교민과 유학생 가운데 194명이 동베를린 북한 대사관에 들어가 간첩 활동을 했다고 발표한 사건이다. 그러나 실제 최종심에서 간첩죄가 인정된 사람은 한 명도 없었다.

면 박정희는 왜 처조카 김종필의 측근을 간첩으로 조작
해 죽일 수밖에 없었을까?

아무 설명 없이 매질부터 시작

김판수는 2008년에 내가 일하던 진실·화해를위한
과거사정리위원회(진실위)에서 중앙정보부에 연행될
1969년 당시를 이렇게 회상했다.

"1969년 5월 1일 새벽 친구인 서 아무개가 갈현동
집으로 찾아와서 나갔더니 모르는 남자 셋이 조사할 게
있다며 검은색 차에 타라고 했다. 중정에 끌려 가서
일주일에서 열흘쯤 조사받고 서대문구치소로 갔는데
가족은커녕 변호사도 한 달이나 지나서 만나게
해 주었다. 중정에서는 수사관들이 아무 설명 없이
매질부터 시작했다. 몽둥이로 때리는 건 기본이고
동베를린 두 번 갔다 온 증거가 필요하다며 여권이
어디 있느냐고 해서 모르겠다고 하니까 물고문을 했다.
침대봉을 무릎 사이로 끼워 마치 통닭처럼 매달아서
주전자에 찬물을 담아 입 아래쪽에 부으면 그냥 입이
벌어져서 입 속으로 물이 들어가는데 숨도 제대로 쉴
수 없을 정도였다. 전기 고문도 받았다. 야전 전화기,
그러니까 돌리는 전화기의 전선을 양 손에 감고
선화기를 돌려서 전기를 통하게 하는 고문이었다."

유럽간첩단 사건으로 재판받는 피고인들. 맨 오른쪽이 박노수, 그 옆이 김규남
ⓒ진실위 자료

 한편 진실위 조사에 따르면 박노수는 1969년 4월 29일, 김규남과 김판수는 5월 1일 중정에 연행된 뒤 5월 5일 구속 영장이 한꺼번에 발부되어 6일 집행될 때까지 박노수는 8일, 김규남과 김판수는 각 6일 동안 불법 구금된 상태에서 고문 조사를 받았다.

 김판수는 당시 "고문과 폭행보다 정신적인 공포감을 견디기가 더 어려웠다. '고문하다 죽으면 휴전선 철책 안에 던져 놓으면 그만이다'라는 이야기를 하면서 협박했다. 진술서 작성할 때는 잠을 제대로 못 자서 멍한 상태라 무슨 내용을 쓰는지도 모르고 썼다. 사실 고문과 협박에 의한 충격으로 거의 공황 상태였다. 동베를린에서 북한 구성원으로부터 공작금을 받았다는 것도 강요에 의해서 자백한 것이다. 검찰 조사를 받을 때에도 검사가 아주 무식하고 지저분하게 욕설과 위협을 가하며 '반공법 위반한 너희들은 어떤 처분을 받아도 싸다' 면서 계속 공포 분위기를 조성하고 사람 취급을 안 했다. 우리나라 검사가 왜 이 모양인가 걱정을 다 했을 정도였다"며 가혹한 고문과 강압 상태에서 중정과 검찰의 조사를 받았다고 진실위에서 진술했다.

공동 피고인 김 아무개는 1970년 5월 23일에 낸 상고이유서에서 수사 기관의 강요와 우격다짐으로 사실과 다른 내용이 범죄 사실로 수사 기록에 기재되었고, 검찰에서 검사의 조서 작성 과정 역시 임의성*이 전혀 없었다고 썼다. 진실위에서도 중정에서 조사받는 동안 구타, 잠 안 재우기, 물고문, 전기 고문을 받았다고 다음과 같이 진술했다.

> "연행되어 조사실로 가려고 복도를 걸어가는데 수사관들이 주먹을 날리기 시작했다. 다른 사람들보다 늦게 잡혔는데 그동안 어디에 숨어 있었느냐며 마구 때렸다. 조사실에서는 모 아무개가 내 구두를 벗겨 그 구두로 분풀이하듯이 때렸다. 다른 수사관이 들어와서는 물에 젖은 수건을 손과 발에 묶고 전깃줄에 엮어서 전기 고문을 했다. 전기 고문 하면서 모 아무개가 '평양 갔다 왔냐?'고 딱 한 질문만 했다. 계속 고문을 하는데 살점이 모두 떨어지는 고통이었다. 여러 번 까무러쳤다. 옷을 벗기고 손과

* 진술자의 자유로운 의사에 따라 진술이나 자백을 하는 것.

발을 묶어서 다리 사이에 막대기를 끼워 대롱대롱 매달리게 하고는 물을 붓는 고문을 당했다. 그 고문도 견디기 힘들었지만 옷 입은 사람들 앞에 옷을 다 벗고 있는 것이 수치스럽고 모멸스러워 내가 짐승보다 못하다는 생각이 들었다. 조서가 마음에 들지 않으면 발로 차는데 그때 맞은 후유증으로 지금도 왼쪽 허리 쪽이 시큰거린다. 그렇게 맞고 보니 나중에는 그냥 중정 수사관이 원하는 대로 진술서를 작성하게 되었다. 중정 수사관들이 나를 고문하면서 '김규남도 내가 (고문을) 했다', '김규남의 형도 지금 고문당한다'라는 이야기를 해서 내가 당한 거 생각해 보면 김규남은 정말 심하게 당했겠구나 하는 생각을 했다. 모 아무개한테 구두로 많이 맞아서 까맣게 피멍이 들어 구치소에 갔을 때 그곳 직원이 내 몸에 피멍든 거 보고 놀랐다. 중정에서 있는 동안 잠을 못 자게 해서 나중에는 비몽사몽한 상태가 되었는데 그 상태에서 고문당하면 그 고통 때문에 정신이 다시 들고 하기를 반복했다."

국회의원도 예외가 아니었다

박노수의 누나 박경자는 진실위에서 당시를 다음과 같이 회상했다.

"중정에서 뺨을 두 대 세게 맞아서 순간 멍해져서 조사 후 목포의 집에 내려와서 병원에 한 달 정도 다녔는데 지금도 귀가 언짢다. 그리고 태어나서 그런 욕지거리는 처음 들어봤다. 수사관들이 나무봉을 책상에 딱딱 두드리면서 거짓말하면 죽이겠다는 협박을 했다. 그래서 중정 수사관들이 지장 찍으라면 그냥 찍었다. 동생인 박노수를 면회한 장 신부님이 변호사와 아버지에게 박노수가 성기 고문까지 당할 정도로 심한 고문을 당했다는 이야기를 전해 주었다."

김규남의 조카인 정 아무개는 당시 중정에 연행되어 중정 수사관 운전 심부름을 하면서 한 달 정도 중정에 수감되어 있었다. 그는 그동안 삼촌 김규남이 고문당하는 것을 직접 목격했다며 2008년 진실위에서 다음과 같이 진술했다.

"외삼촌(김규남 국회의원)이 흰색 사각 팬티만 입은 채로 중정 수사관 3명에게 고문을 당하고 있었다. 수사관들이 서류를 보여 주면서 윽박지르는 거 같더니 주먹으로 삼촌 가슴을 마구 때리기 시작했다. 그러다 야구 방망이 정도 크기의 몽둥이로 삼촌 허벅지와 엉덩이를 때리거나 밀고, 발로 찼다. 그리고 양동이에 채워진 물을 바가지로 떠서 삼촌 얼굴과 몸에 계속 부었다. 너무나 가혹한 고문을

해서 나는 얼어붙어서 움직이기도 힘들고…. 나중에
정신을 차리고는 더 이상 그 모습을 볼 수가 없어서
막사로 돌아와 밤새 울기만 했다. 그 다음날
저녁에도 몰래 가서 보았는데 전날과 마찬가지로
삼촌이 팬티만 입은 채 중정 수사관 3명에게서
몸통과 하체를 중심으로 무차별 구타와 고문을
당하고 있었다. 대략 5분 정도 보았는데도 너무
무섭고 가슴이 아파 막사로 돌아와 울기만 했다.
중정 직원으로부터 외삼촌이 무슨 심부름을
시켰냐고 조사를 받아 '모른다, 나한테 심부름시키신
적도 없다'고 말했더니, 거짓말을 한다며 중정
직원으로부터 맞고, 발로 차이고, 솔직하게 말하지
않으면 죽이겠다고 협박을 받았다. 그렇게 한참 맞고
다시 의자에 앉았는데 정신이 멍하고 온 몸이 부었다.
수사관들이 무언가를 쓰고 지장 찍으라고 해서
읽어 보지도 못하고 찍었다."

김규남과 함께 연행된 김규남의 비서인 김 아무개도
당시 중정에서 조사받는 동안 구타 등의 가혹 행위를
당했다고 진실위에서 증언했다. 다음은 김 아무개의 진
실위 증언이다.

"조사실에 들어가니 바로 반말이었다. 그리고
수사관들이 내 진술이 마음에 들지 않거나 화가 나면

각목으로 엉덩이를 때리고 손이 바로 올라왔다. 원산폭격은 기본이고 벌도 세우고 난리도 아니었다. 많이 맞았고 밤을 새워 조사를 받아 제대로 잠을 못 잤다. 그리고 때리는 수사관이랑 조사하는 수사관이랑 달라서 부드럽게 대했다가, 때렸다가, 무섭게 했다가, 하는 식으로 정신이 없었다. 다른 방에서 들려오는 비명에 정신적으로 스트레스와 압박을 많이 받았다. 조사받는 동안 다른 참고인들을 목격했는데 임 아무개 운전기사는 나랑 대질을 했는데 많이 맞아서 멍도 있고 상처도 있었는데 얼었는지 말도 제대로 못해서 정신 똑바로 차리라고 했더니 중정 수사관들이 '네가 수사관이냐' 하면서 또 때렸다. 그리고 화장실에서 김규남 의원을 한 번 보았는데 속옷 차림에 머리도 다 헝클어지고 상태가 상당히 안 좋아 보였다. 또 나중에 검찰 조사 시에는 중정 요원이 꼭 따라와서 앉아 있었다. 당시 공안 검사인 최 아무개 검사가 담당이었는데 최 아무개 검사도 중요한 문제니까 잘 이야기하라고 했는데 검찰 측에 유리하게 이야기하라는 소리였다."

"너 하나 죽어도 신경 안 쓴다"

또 다른 비서인 이 아무개와 김규남 의원의 운전기사였던 임 아무개도 지금까지의 증언들과 같은 내용의 증언을 남겼다.

"중정에서 많이 맞았다. 그리고 다른 방에서 비명 소리가 들리니까 정신적 스트레스가 굉장히 심했다. 공갈 협박 욕설도 심했다. 특히 '너 하나 죽어도 신경 안 쓴다'며 협박을 하는데 정말 중정에서 빠져나가고 싶은 생각밖에 없었다. 조사받고 나와서 김 아무개 비서나 임 아무개 운전기사도 나같이 중정에서 오랫동안 조사받으면서 맞고 고생했다는 이야기를 들었다. 그리고 중정에서 조사받는 동안 화장실 가다가 우연히 김규남 의원을 한 번 보았는데 멍 자국에 아주 수척해 보였다. 검찰 조사받을 때 거기에 중정 요원이 꼭 따라와서 계속 있었다.

...

중정에서 수사관들이 구타를 하는데 무엇으로 맞았는지 기억이 안 날 정도로 맞았다. 손, 발, 야구 방망이, 뭐 다 맞아 본 것 같다. '북한에 가서 무슨 지령을 받았나?' 이런 걸 물어보는데 도대체 무슨 소리인지 알 수가 없어 답을 못했더니 맞았다. 전기 고문을 당했는데 수사관들이 손가락 사이에 전선 같은 걸 끼고 전화기 같은 걸 돌려서 고문을 했다. 가혹 행위로 인해 기절을 했는데 깨어 보니 병원이었다. 깨어나니까 옆에 있던 수사관이 다시 중정 조사실로 데려가 조사를 했다."

위와 같은 가혹한 고문을 통해 당시 중정은 박노수에게 북한 공작원에게 지령과 공작금을 받은 뒤 북한 노동당에 입당, 독일 등지에서 간첩 활동을 했다는 혐의를 뒤집어 씌웠다. 그리고 김규남과 김판수는 박노수와 함께 이적 활동을 벌인 혐의로 기소했다.

그 결과 이들은 국가보안법과 반공법을 위반한 죄로 기소되어 1969년 11월 3일 서울형사지방법원에서 각각 사형 내지 징역형을 선고받았다. 항소했지만 1970년 3월 4일 이들의 항소는 서울고등법원에서 기각되었다. 이들은 상고했고 1970년 7월 3일 대법원에서도 기각돼 형이 확정됐다. 김종필의 측근 김규남 의원(당시 43세)은 1972년 7월 13일, 박노수 교수(당시 39세)는 1972년 7월 28일에 각각 사형이 집행되었다.

2009년, 진실위는 이 사건이 박정희 정권이 자행한 간첩 조작 사건이라며 아래와 같이 진실 규명 결정을 내렸다.

"이 사건은 1960년대 유럽 유학생들의 동베를린 및 북한 방문 사실을 이유로 간첩죄 등을 적용해 사형 및 유죄 판결을 받게 한 사건이다. 당시의 남북 상황을 고려할 때 피고인들의 입동 및 입북 사실에 대한 수사는 불가피했다 하더라도 중정은 합법적인 절차를 따르지 않고 진실 규명 대상자들을 비롯한 피의자들을 영장 없이 불법 연행한 후 일주일 정도 불법 구금한 상태에서 고문 및 가혹 행위를 통해 피의자들의 자백을 받아내어 기소했고, 검찰 수사 과정에서도 중정 수사관이 배석하는 등 심리적 강압을 가해 재판을 통해 사형 등에 이르게 한 것은 위법한 공권력 행사에 의한 인권 침해이다."

진실위의 결정 이후 4년 후인 2013년, 서울고법은 이른바 '유럽간첩단' 유족이 청구한 재심에서 1972년 사형당한 박노수 교수와 김규남 의원의 사형 집행 41년 만에 무죄를 선고했다. 판결에 앞서 재판부는 "수사기관에 영장 없이 체포돼 조사를 받으면서 고문과 협박에 의해 임의성 없는 진술을 했다. 과거 권위주의 시절 법원의 형식적인 법 적용으로 피고인과 유족에게 크나큰 고통과 슬픔을 드렸다. 사과와 위로의 말씀과 함께 이미 고인이 된 피고인의 명복을 빈다"고 말했다. 이어서 2년 후인 2015년 대법원도 이 판결을 받아들였다.

권력을 쫓은 박정희의 잔인한 결단

박정희는 왜 자신의 조카사위 김종필의 측근이자 그의 추천으로 공화당 국회의원이 된 김규남과 그의 친구 박노수를 방북 한 번 했다고 간첩으로 조작해 사형장의 이슬로 보내 버린 것일까?

1969년 박정희는 3선 개헌을 통해 영구 집권을 하고

자 했다. 그런데 뜻밖에 조카사위 김종필을 비롯한 몇몇 공화당 의원들이 이에 반대했다. 박정희는 자신의 3선 개헌에 반대하는 김종필 세력을 약화시키고 반대 세력에 본보기를 보여 줘야 한다고 여긴 듯하다. 김종필의 최측근인 김규남은 이 과정에서 희생양이 된 것으로 보인다.

박정희의 '피도 눈물도 없는' 가혹한 결단 때문이었는지 이 사건을 계기로 김종필을 포함한 공화당 중진 의원들은 그동안 유지했던 3선 개헌 반대에서 재빠르게 찬성으로 방향을 180도 돌렸다. 결국 박노수와 김규남의 생명을 제물로 삼은 박정희의 김종필계 길들이기는 크게 성공한 것이다. 자신의 권력을 유지하기 위해 가족 지인까지 포함된 무고한 생명들을 희생시키는 데 거리낌이 없었던 그의 모습은 가히 로마의 네로 황제를 연상케 한다. 폭군의 시대였다.

14. 1969년
태영호와 지성호의 선배 탈북자 이수근
그리고 그의 처조카 배경옥의 기구한 삶

1967년 3월 22일, 북한 김일성의 수행 기자 출신이자 조선중앙통신사 부사장이었던 이수근은 판문점을 통해 대한민국으로 망명한다. 북한 인사의 뜻하지 않은 망명은 당시 대선을 앞둔 박정희에게 엄청난 호재였다. 박정희는 이 좋은 기회를 놓칠세라 그를 즉각 중앙정보부 1급 공무원인 판단관으로 특채하고 국민들의 반공 의식을 높이는 대국민 반공 강사로 활용한다.

한편 베트남 주재 미 1사단 소속 파월 기술자로 베트남에 살던 이수근의 처조카 배경옥은 1968년 여동생의 결혼식 때문에 잠깐 귀국한다. 여동생의 혼인을 앞두고 그는 자신의 이모부 이수근이 지난해 북한에서 탈북한 고위 인사이며, 중정에서 고위 공무원으로 일하고 있다는 연락을 받는다. 남한에 친척이라고는 아무도 없던 이수근은 그 후 배경옥을 자주 만나 식사도 하고 술도 몇 잔하며 고달픈 인생사를 나누었다.

하지만 배경옥은 이모를 북한에 두고 혼자 탈북한 이수근이 달갑지 않았다. 가족을 떼 놓고 혼자만 살겠다고 탈북한 이모부가 상식적으로 좀체 이해되지 않았던 것이다.

탈북 후 평생 가족을 그리워한 이수근

여동생의 결혼 이후 베트남으로 돌아가려던 배경옥은 우연히 택시에서 여권을 잃어버려 난감한 상황이 된다. 당시에는 해외 여행이 자유롭지 않던 시절이라 요즘처럼 여권을 다시 신청할 수 없었다. 여행사를 통해 부랴부랴 위조 여권을 만들던 중, 이수근으로부터 자신의 위조 여권을 만들어 달라는 요청을 받는다. 한국을 탈출하고 싶다는 것이었다.

이수근은 1967년 탈북 후 북한에 '인질'로 있는 가족들 생각에 대중 강연에서 김일성 비판을 하지 않았다. 사랑하는 가족이 보복당할까 봐 두려웠던 것이다. 그러나 중정은 그런 그의 소극적인 태도가 못마땅했다. 배경옥은 2007년 「오마이뉴스」와 인터뷰 중 당시를 이렇게 회상했다.

> "이모부는 늘 술에 취해 살면서 가족을
> 그리워했어요. 당시 중정 감찰부장이었던 방준모
> 씨가 자신을 괴롭힌다고 토로했었습니다. 이모부가
> 반공 강연에서 북한의 실상을 있는 그대로 전달하면
> 방 씨가 찾아와 시키는 대로 하라고 윽박지르고
> 때렸던 모양입니다. 이모부 발밑에 대고 권총을 쏘며
> 협박했다는 거예요. 자유를 찾아 귀순했는데 자유
> 없이 괴롭힘을 당하니까 차라리 스위스 같은
> 중립국에 가서 북한에 있는 가족을 초청해 글이나
> 쓰면서 자유롭게 살고 싶다는 말을 자주 했었습니다."[*]

---

[*] "짐승처럼 벌거벗긴 채 고문당해... 그러나 '고문관' 복수는 잊었다", 오마이뉴스, 2007.1.16.

망명 직후의 이수근 ⓒ진실위 자료

배경옥은 한국 생활에 적응하지 못한 채 북에 있는 가족에 대한 그리움으로 세월을 보내는 이모부가 딱해 보였다. 그래서 이모부가 차라리 사상이 자유로운 스위스 같은 중립국에서 이모랑 행복하게 살 수 있다면 그것도 좋겠다는 생각이 들었다. 그래서 그는 여행사에 이수근의 위조 여권을 부탁했다.

1969년 1월 27일, 마침내 이수근은 배경옥과 함께 위조 여권으로 홍콩으로 출국한다. 그러나 4일 후인 1월 31일, 두 사람은 베트남 사이공 공항 기내에서 중정 직원에게 체포돼 한국으로 압송된다.

김일성 수행 기자 출신의 고위급 인사인 이수근이 판문점을 통해 남한에 '귀순'한 사건은 북한과 사상, 경제 등 모든 측면에서 대립과 경쟁의 관계에 있었던 박정희에게는 체제 우위를 나타낼 호재였으나, 이수근의 탈출 사건은 호재가 악재로 돌변하는 순간이었다. 박정희는 그런 이수근에게 심한 배신감을 느끼고 크게 분노했던 듯하다.

중정은 이수근을 체포한 지 13일 뒤인 1969년 2월 13일 탈출 사실을 발표했고 언론 보도는 위장 귀순과 배신에 대한 규탄으로 모아졌다. 이런 분위기에서 그가 자유를 찾아 귀순했으나, 한국에도 자유가 없어 탈출하였다는 점은 일체 지적되지 않았다. 그리고 한국을 배신한 위장 간첩이라는 점과 중정의 해외 활약상이 부각되면서 박정희 정권의 위기는 선전의 호기로 반전되었다.

발가벗겨져 묶인 채 고문받다

중정으로 끌려온 이수근과 배경옥은 40일 동안 중정 조사실에 불법 감금된 상태에서 완전히 발가벗겨진다. 그리고 몸이 의자에 묶인 채 건장한 10여 명의 중정 요원들에게 둘러싸여 무차별 구타, 몽둥이 찜질, 물고문, 전기 고문 등을 받으며 온몸이 걸레처럼 늘어진 상태에서 자신들이 '간첩'임을 거짓 자백해야 했다.

이수근의 고문 수사 과정에서 그가 숙청을 피해 북한을 탈출했다는 초기 진술서가 수사 기록에서 아예 제외되었다. 그리고 가혹한 고문에 못 이겨 수사관들이 불러주는 대로 쓴 '위장 귀순'이 진술서로 대체되었다.

배경옥은 수감 기간 중 가족들의 면회가 일체 금지되

었다. 변호인 접견도 거의 이루어지지 않았다. 장기간 고립된 구금 상태에서 두 사람은 가혹한 고문 수사와 재판을 받아야 했다. 배경옥은 2018년 YTN과 한 인터뷰에서 당시의 쓰라린 경험을 이렇게 회고했다.

> "검찰 조사에도 사실대로 얘기할 수 있었고, 재판장에서도 얘기할 수 있었는데요. 우리는 검찰청에 나가서 조사받은 게 검찰이 서울구치소 소장실로 와서 소장실 옆에 방에서 조사를 받았는데요. 중앙정보부에서 조사한 서류 가지고 물어보는 것을 아니라고 하니까 검사가 일어서서 나가는 거예요. 그러면 중정 애들이 바깥에 서 있다가 들어와요. 그래 가지고 왜 다른 소리를 하느냐, 그냥 중정에서 한 얘기대로 해라, 그리고 또 나쁜 짓을 하는 거예요. 그래서 거기서 받아쓰기 할 수밖에 없는 거예요. 그리고 재판장에서도 중정 요원들이 둘러서 있었고, 전혀 다른 말을 할 수 없게끔 만들어서 조작을 해서 그대로 한 것뿐이지 다른 것은 하나도 없어요."[*]

결국 이러한 고문 조사를 거쳐 1969년 5월 10일, 이수근은 국가보안법 및 반공법 위반 등으로 사형을 선고

---

[*] "나는 간첩이 아닙니다" 남산 5국으로 끌려가던 날의 기억. YTN. 2018. 10. 11.

받았다. 가혹한 고문에 지친 그는 대한민국의 하늘 아래 도움을 구할 수 있는 사람이 한 사람도 없다는 사실을 알게 됐고 박정희 독재 정권하에 있는 남한의 사법 제도를 전혀 믿지 않았다. 결국 항소를 포기했고 두 달후인 1969년 7월 2일, 형장의 이슬로 사라졌다.

배경옥은 간첩 방조 혐의로 1심에서 사형을 선고받았다. 그는 당시의 심정을 이렇게 회상했다.

"사형 선고받았을 때 어머니한테 제일 죄송했습니다.
자식을 먼저 보내야 하는 어머니 마음이
어떠셨겠습니까? 한낱 미물의 생명도 존중해야
하는데 그때 당시 사람 목숨을 너무 중히 여기지
않았던 것 같아요. 이 세상에 태어난 생명은 누구나
귀중한 것 아니겠습니까? 새든, 동물이든, 사람이든,
그 누구든 내가 뭘로 태어나야지 작정하고 나온 사람은
없잖아요."[*]

배경옥은 항소심에서 다행히 무기 징역을 선고받았고, 대법원에서도 같은 형이 확정되었다. 그때 그의 나이 스물일곱이었다. 당시 그에겐 아내와 어린 아들, 아직 태어나지 않은 딸이 있었다.

수감 후 1969년 어느 날, 아내는 갓 태어난 딸아이를

....
* '간첩의 대명사' 이수근, 死刑집행 49년 만에 '死後 無罪' 선고. 월간조선. 2018. 10. 21.

데리고 면회를 왔다. 그러나 둘 사이는 점점 멀어졌다. 당시 박정희 정권하에서 '빨갱이'로 종신형을 받은 남자를 평생 기다리며 싱글맘으로 살라는 것은 여성에게 가혹하다고 배경옥은 생각했다. 그래서 그는 사랑하는 여성과의 불가피한 '이별'을 원망 없이 차분히 받아들였다.

한편, 그는 감옥살이 처음 5년은 독방에서 보냈다. 발을 펴면 벽에 닿을 정도의 작은 방이었다. 온기라고는 전혀 찾아볼 수 없어 겨울밤 그릇에 물을 떠 놓으면 얼음덩이가 되는 감방에서 옥살이를 했다. 추위에 혀가 굳어 말이 안 나온 적도 있었다. 생각으로는 말이 되는데 정작 말을 하려니 말이 제대로 안 나왔다. 그때부터 그는 독방의 작은 창문을 향해 미친 사람처럼 독백을 했다. 추위에 혀가 굳게 하지 않기 위한 최소한의 혀 운동을 했던 것이다. 이렇게 무기 징역형으로 복역하다가 수감된 지 무려 21년 만인 1989년 12월 22일, 그는 감형을 받고 출소했다.

그는 출소하고 나서 무려 21년 만에 아들과 딸을 만났다. 처음 감옥에 갔을 때 엄마와 함께 면회 온 아들은 네 살이었다. 21년을 감옥에서 다 날려 버리고 만난 아들이 배경옥은 너무 반가웠다. 하지만 또 서먹서먹했고 '간첩' 아비를 두고도 건강하게 자란 아들을 보니 너무 미안했다.

21년 만에 만난 아들, 그리고 죽음

20대 중반 청년으로 자란 아들은 결혼을 앞뒀지만 아버지를 찾지 않았다. 어느 날 아들은 전화를 통해 "그냥 남남처럼 이대로 살면 안 되겠느냐"고 했다. 그것이 배경옥이 들은 아들의 마지막 목소리였다. 그가 석방된 지 9개월 만인 1990년 8월 어느 날 아들은 자살했다. 결혼하면 '간첩의 아들'이라고 처가에서 좋지 않은 소리를 듣게 될까 봐 고민하다 스스로 목숨을 끊은 것이다.

지난 21년간 아들은 아버지가 죽은 줄 알고 살았다. 그러던 어느 날 갑자기 '간첩' 아버지가 감옥에서 나와 자신을 찾으니, 결혼을 앞둔 아들이 고민을 많이 했을 것이라고 배경옥은 생각했다. 그렇게 먼저 간 아들을 생각하면 그는 지금도 속이 미어진다. 그는 "나는 가족에게 씻을 수 없는 고통을 준 죄인"이라고 말한다.

30~40대를 감옥에서 다 보내고 세상에 나온 배경옥의 삶은 만만치 않았다. '간첩'이었던 그가 지구상의 유일한 냉전 국가인 대한민국 하늘 아래서 취직할 곳은 하나도 없었다. 그 후 그저 죄 없는 동생들한테 도움받고 신세 지며 근근이 죽지 못해 질긴 목숨을 유지하며 하루살이처럼 살았다. 그리고 2005년, 그는 '이수근 사건'이 중정에 의해 간첩 사건으로 조작된 것이라고 주장하며 진실위에 진실 규명을 신청했다.

2006년 진실위에서 배경옥은 1969년 이수근 사건 당시 "(중정의) 수사 과정에서 의자에 앉혀 놓고 잠 안 재우기, 야전용 전화기에 의한 전기 고문, 구타 등의 고문을 당했고, 물고문, 몽둥이 구타, 반복 질문에 의한 암기화 과정을 거쳐 수사 기관이 암호문을 조작했으며, 고문으로 인한 후유증을 입었다"고 진술했다.

그리고 진실위는 이수근 사건을 조사하던 중 당시 중정 월남 책임자였던 이대용으로부터 "(당시) 김형욱 중정부장에게 '이수근이 간첩이 아니다'라는 말을 직접 들었다. 그리고 이에 대해 보안 유지를 부탁받은 바 있다. 이수근이 간첩이 아니라는 것은 당시 중정 안에서는 다 아는 사실이었다"는 진술을 확보했다.

북쪽이 싫어 내려왔는데 남쪽도 자유가 없었다

이대용은 또 "이수근이 '북쪽이 싫어 내려왔는데 남쪽에서도 자유가 없다. 중정 감찰실장이 나를 일일이 감시하고 수시로 불러서 북쪽과 연락하지 않았느냐고 추궁하면서 때리고, 내 발을 향해 권총을 쏴 위협을 했다. 남쪽이 북쪽보다야 백 번 낫다. 이 세상에 지옥이 있다면 북한이 바로 지옥이다. 그래서 탈출했는데 남쪽도 틀렸다. 자유도 없고, 독재이고 해서 스위스 같은 중립국에 가서 살려고 했다'라고 했다. 그러니 결국 중정 감찰실장이 이수근을 달아나지 않을 수 없게 만든 것이다"라고 진술했다.

더욱이 당시 중정 5국 대공수사과장이었던 이병정은 이수근의 귀순 경위에 대해 "이북에서 김일성한테 신용을 잃고 더 이상 중앙통신 부사장 자리도 위태롭고 신변이 위태로워서 기회를 봐서 탈출했다. 우리가 잡아와서 역逆조사를 하니까 위장 탈출이 됐다. 처음에는 위장 귀순 여부를 분명히 판단하지 못했는데 나중에 잠입으로 변경시켰다. 간첩이면 부호를 받아야 하는데 이수근은 아무런 부호명이 없고 북한에서 이수근에게 내려온 무전도 없었다. 당시 시중에 이수근이 간첩 활동을 하고 있고 화장실에서 무전을 한다는 루머가 돌아 직접 가택 수색과 처 이강월 및 운전기사를 상대로 조사한 결과 사실무근임을 확인했다"고 진실위에서 진술했다.

위와 같은 조사 결과를 바탕으로 2006년 진실위는 이수근 사건에 대해 아래와 같이 진실 규명 결정을 내렸다.

"북한을 탈출한 자가 다시 북한의 지령을 받는다는 것은 기대하기 어려운 일이었다는 점 등은 이수근이 중립국에서 책을 쓰면서 살려고 출국했다는 점에 부합하고, 달리 이수근이 북한의 지령을 받기 위해 탈출하였다고 인정할 근거가 없다. 간첩으로 인정한 수사 및 판결은 이수근의 임의성 내지 신빙성 없는 일부 자백에 의존하고 있으나 이수근의 자백은

가족들의 면회가 금지되고 변호인 접견이 거의
이루어지지 않은 장기간 고립된 구금 상태에서
변호인 조력을 받거나 방어권이 제대로 행사되지도
못한 상황에서 구타나 강요 등으로 인하여 자백하였을
개연성이 있다."

위와 같은 진실위 결정을 바탕으로 배경옥은 국가를 상대로 재심을 신청했다. 그리고 2008년 12월 19일, 그는 39년 만에 마침내 무죄를 선고받았다. 재판부는 이날 "이수근 씨가 위장 간첩이라거나 배 씨가 이 씨의 탈출을 도왔다는 등의 공소 사실은 고문과 조작에 의한 허위 자백으로 밝혀졌다"며 "중앙정보부는 불법 구금과 구타·고문으로 자백을 강요했고, 이를 감독해야 할 검찰은 오히려 중정 요원들의 감시를 받았으며, 법원 역시 배 씨 등이 범행을 부인하는데도 형식적 재판만 진행하다 결국 오판을 내렸다"고 판결했다.

그러나 당시 법정에서 배경옥은 "억울한 옥살이를 하는 동안에는 아내와 헤어졌고 석방 후에는 아들을 잃었다. 기쁠 것도 없다"며 쓸쓸한 감회를 밝혔다.

이후 배경옥은 억울하게 형장의 이슬로 사라진 이모부를 위해 다시 한 번 국가를 상대로 재심을 신청했다. 그리고 2018년 10월 11일, 재판부는 위장 간첩 누명을 쓰고 사형당한 고 이수근에게 무죄를 선고했다.

당시 재판부는 "이 씨는 베트남 공항에서 체포돼 연

행된 이후 40여 일간 불법 구금 상태에서 조사를 받았다. 각종 고문과 폭행 등 가혹 행위로 인해 허위 자백을 했을 개연성이 충분하다. 대한민국 국민으로서 방어권을 제대로 행사하지 못한 채 위장 귀순한 간첩으로 낙인찍혀 생명을 박탈당했다. 권위주의 시대에 국가가 저지른 과오에 대해 이 씨와 유가족에게 진정으로 용서를 구할 때"라고 입장을 밝혔다.

하지만 자유를 찾다가 가혹한 고문 끝에 억울하게 형장의 이슬로 사라진 이수근은 오늘도 말이 없다. 그리고 이모부의 자유를 돕다가 억울하게 21년을 감옥에서 보낸 배경옥의 세월은 누가 어떻게 책임질 것인가? 이것이 박정희 시대 대한민국의 모습이었다.

태영호와 지성호

이수근의 기구한 삶을 돌아보다 불현듯 탈북하여 우리나라에서 정치인 생활을 하고 있는 태영호와 지성호의 얼굴이 떠올랐다. 그들은 2020년에 근거 없는 김정은 건강 이상설을 제기해 우리 사회에 큰 파장을 일으켰다. 나는 태 씨와 지 씨가 선배 탈북자 이수근의 정신을 배웠으면 한다.

이수근은 탈북 후 북한에 있는 가족을 생각해서 중정의 협박과 구타에도 불구하고 대중 강연에서 북한을 비판하지 않았다. 자신의 경솔한 발언이 북한에 있는 사랑하는 가족의 행복을 파괴할까 봐 두려웠던 것이다. 또 하나 아이러니한 것은 태 씨와 지 씨가 오히려 그들의 선배 탈북자 이수근의 생명을 앗아간 박정희의 후예인 정당에 몸을 담고 있는 것이다.

이수근은 자유가 없는 북쪽이 싫어 내려왔는데 남쪽에도 자유가 없어서 번민했다. 그리고 결국 자유를 찾아 제3국으로 도피하다가 비극적 최후를 맞았다. 그런 면에서 지금 진정한 자유 대한민국에 사는 태 씨와 지 씨는 정말 운이 좋고 복이 많은 사람들이다. 나는 그들이 경솔한 언행으로 굴러들어 온 복을 차 버리는 우를 범하지 않길 바란다. 그리고 그들의 삶이 '토사구팽'되지 않고 '해피엔딩'이 되길 진심으로 기원한다. 왜냐하면 이수근과 같은 비극적 삶이 자유 대한민국에서 반복되는 것을 결코 원치 않기 때문이다.

15. 1963년
특사인가 첩자인가
어둠 속에 묻힌 황태성 사건의 진실

어려서부터 박정희는 형의 친구인 황태성을 친형 박상희보다 더 잘 따랐다고 한다. 박정희가 대구사범학교와 만주군관학교에 갈 때도 황태성이 조언을 해 주었고, 훗날 박정희가 남로당에 입당할 때도 황태성이 보증을 서 줬다고 한다.

　황태성은 북한에서 외무성·상업성·무역성 등에서 고위 관리를 지내다가 김일성의 특사로 월남한다. 그리고 5·16쿠데타로 권력을 잡은 박정희와 김종필을 만나 남북 통일의 길을 열겠다고 하다가 중앙정보부 요원들에게 연행됐다. 그는 결국 총살에 처해졌다.

　1963년 황태성의 총살이 집행되던 날, 박정희는 자기가 어려서부터 따르던 황태성의 사진을 보면서 "황태성 선생도 세월은 못 이기시는구나, 많이 늙으셨구나"라고 말했다는 얘기가 있다. '야사'이기는 하지만, 권력이 얼마나 허망하고 무서운지 보여 주는 일화다.

'황태성 사건'의 진실을 쫓다

　1961년, 김일성은 남로당 출신 박정희가 쿠데타를 일으켜 정권을 탈취하자, 묘한 생각에 빠졌다. 박정희의 형 박상희는 좌익이 주도하여 벌인 1949년 대구 10월 항쟁 때 사살당했다. 마침 자신의 밑에서 일하는 황태성은 박상희의 '절친'이었다. 김일성은 황태성을 남한에 특사로 보내 남북 관계 정상화를 타진하기로 한다. 김일성은 박정희와 친분이 두터운 황태성에 크게 기대를 걸었을 것이다.

박정희도 처음에는 황태성을 김일성의 밀사로 받아들인 것으로 추정된다. 그래서 그를 당시 서울의 최고급 호텔인 반도호텔에 수개월 동안 투숙시키지 않았을까? 또 그는 북에서 많은 액수의 자금도 가지고 온 것으로 알려져 있다. 1961년에는 북한 경제가 남한 경제보다 훨씬 발전했으므로 놀랄 일은 아니다. 이 돈이 공화당의 조직 자금 등으로 쓰였다는 소문도 돌았다. 그러나 우리는 지금 이 소문의 진위를 알 길이 없다. 황태성 사건의 진실 규명 작업이 박정희에 의해서 은폐되었고 그 후 이명박 정권기의 진실위에서는 재심이 기각됐기 때문이다. 진실이 사라진 곳에서 소문이 떠도는 것은 당연하다.

1963년, 박정희는 황태성을 간첩으로 몰아 총살에 처한다. 특사를 죽인다는 것은 곧 전쟁 선포나 마찬가지다. 황태성의 총살 후 남북 관계는 긴장 국면으로 들 수밖에 없었다. 이후 1968년에 김신조가 포함된 북한 124군부대가 청와대를 습격하려 한 사건은, 특사를 간첩으로 몰아 총살한 박정희에게 김일성이 복수하려는 시도는 아니었을까?

전명혁은 '황태성 사건'의 전문가다. 나는 그를 2004년에 처음 만났다. 당시 나는 대통령소속 의문사진상규명위원회에 있었고, 그는 민주화 운동기념사업회에 있었다. 우리는 '동종 업계' 사람이었다. 2007년에는 진실위에서 다시 직장 동료로 만났다. 그는 박정희-전두환 정권기의 인권 침해 사건을 조사하던 조사관이었고, 나는 그가 쓴 조사 보고서를 영어로 번역하여 주한외국특파원·공관원과 해외 학자들에게 알리는 일을 했다.

다음은 그와 황태성 사건에 대하여 3주간 이메일로 인터뷰한 내용을 정리한 것이다.

"민족의 완전 자주 독립과 남북 통일 만세"

-지난 1963년 12월 14일, 박정희가 제5대 대통령에 취임하기 전 김일성 특사인 황태성은 간첩죄로 총살을 당한다. 그 후 1968년 김일성은 김신조 등 북한 특공대를 남한에 보내 청와대 습격 작전을 시도한다. 1963년 황태성 총살 사건과 1968년 청와대 습격 작전이 연관성이 있다고 보는지?

"제5대 대통령 취임식을 사흘 앞둔 1963년 12월 14일 오전 9시 20분경, 서대문형무소에 수감 중인 황태성은 군 앰뷸런스에 실려 인천 교외의 어느 골짜기로 옮겨졌다. 그리고 그곳에서 사형이 집행됐다. 그는 사형 집행이 되기 전 '민족의 완전 자주 독립과 남북 통일 만세'를 삼창했다고 한다.

당시 황태성은 1963년 7월 2일 육군고등군법회의에서 낼린 파기환송심에서 사형을 판결 받고 대법원에 상고했다. 1963년 10월 22일 대법원에서 열린 상고심에서, 상고가 기각되어 사형이 확정됐다. 황태성은 이에 불복하고 1963년 11월 2일 재심을 신청하였으나 재심 결정이 나기도 전에 사형이 집행됐다. 황태성이 사형되고 난 지 9개월이 지난 1964년 9월 3일, 서울고등법원은 황태성의 재심 청구를 기각하는 판결을 내렸다.

그 이후 1968년 1월 21일 북한의 김신조 등 124군 부대가 청와대를 습격한 사건이 벌어지고 이틀 후인 1월 23일, 동해 공해상에서 미 해군 정보수집함 푸에블로호가 북한에 나포되는 사건이 벌어졌다. 남북한의 군사적 긴장이 고조되는 상황이었다. 그러나 124군 부대 청와대 습격, 푸에블로호 납치 사건 등과 황태성 처형과는 직접적 관련은 없다고 여겨진다."

-지난 2006년 황태성 유족들은 "5·16 직후 집권한 군사정부와 당시 중앙정보부가 황태성을 간첩으로 몰아 정치적으로 사형시켰다"고 주장하면서 진실위에 진실 규명을 요청했다. 그러나 2010년 이명박이 임명한 이영조 위원장 체제의 진실위는 "재심 사유가 없다"며 신청을 기각했다.

"황태성 사건을 황태성의 조카사위인 권상능 선생이 2006년 11월, 진실위에 진실 규명을 신청했다. 그러나 진실위는 2010년 소위원회에서 황태성 사건이 '재심 사유가 없다'고 사건을 기각하고 말았다. 진실위법

제22조(진실 규명 조사개시) 3항 '위원회는 역사적으로 중요한 사건으로서 진실 규명 사건에 해당한다고 인정할 만한 상당한 근거가 있고 진실 규명이 중대하다고 판단되는 때에는 이를 직권으로 조사할 수 있다'는 조항에 의거하여 '역사적으로 중요한 사건'에 대해서는 조사 개시를 직권으로 할 수 있다. 그러나 이를 시행하지 않았다.

또한 황태성은 1961년 10월 20일 중앙정보부에 연행되어 1961년 12월 1일까지 43일 동안 불법 구금되어 있다가 고등군법회의에 송치·기소된 것으로 확인되기 때문에 이는 형법 제124조의 불법감금죄, 형사소송법 제420조 7호, 제422조의 재심 사유에 해당된다."

"황태성이 김일성의 특사임을 증명하는 것"

-당시 유족들은 황태성이 '김일성의 특사임을 증명하는 새로운 사실'이 있다고 주장한 바 있다. 황태성이 '김일성의 특사임을 증명하는 새로운 사실'은 무엇이었는지?

"황태성이 간첩이 아니라 김일성이 보낸 특사라고 하는 분명한 증거가 있다. 그리고 이러한 증거는 형사소송법 제420조 5호(명백한 새로운 증거 발견)에 따라 당연히 재심 사유에 해당된다.

첫째, 1957년~1961년 말 평양 주재 소련대사관의 정치파견관을 역임했던 바딤 트카첸코의 진술에 따르면 1961년 8월(박정희의 5·16쿠데타 직후)에 남한 군부를 통하여 북측에 편지가 전달되었는데 편지에는 '나라의 평화 통일 문제를 의논하기 위하여 교섭하자'는 내용이 포함되어 있었다.

회담은 '황해(서해)의 한 섬에서 각 측 장교 2명과 서기로 구성된 대표단 사이에 진행할 것이 제의'되었고, '이 모든 사정을 참조한 북한 지도부는 교섭에 동의했다… 남한 장교들은 나라 최고지도부(박정희)의 지시로 교섭에 나섰으며 그 명의로 4가지 사항으로 된 행동 방침인 ①서울과 평양에 양측 상설군사대표부를 설치하며, ②남과 북이 통상 관계를 맺으며, ③시민들의 38선 자유 통행을 보장하며, ④우편 교환을 회복할 것 등'이 제출되었다는 것이다.

둘째, 1992년 6월 21일자 「조선일보」에 따르면, 1961년 8월 9월부터 서해 용매도와 황해도 해주에서 10여 차례 남북한 비밀 정치 회담이 있었다는 사실이 당시 육군첩보부대장 이철희의 발언을 통해 확인됐다. 그리고 당시 정치 회담에 파견된 남한측 대표로서 김석순 씨의 사진을 게재했다.

또 「조선일보」에 따르면, 김종필도 '황(태성)은 협상을 위해 (김일성의 특사로) 내려왔다, 내가 그를 만난 적이 있다'고 증언했다. 황태성이 김일성의 밀사였다는 사실을 김종필이 뒷받침했다고 보도한 것이다. 이러한 사실은 2001년 8월 17일 방영된 MBC의 「이제는 말할 수 있다: 박정희와 레드 콤플렉스-황태성 간첩 사건」에도 상세히 언급되어 있다.

셋째, 황태성 사건에 대하여 1962년 4월 27일 한국 주재 CIA가 미국 국무장관 데이비드 딘 러스크에게 보내는 비밀 문서에 따르면, 황태성이 '한국의 통일을 증진시키기 위하여 박정희와 김종필 중앙정보부장을 만나려고 시도했다'고 보고하고 있다.

이러한 세 가지 사실은 형사소송법 제420조 5호(명백한 새로운 증거 발견)에 따른 재심 사유가 될 수 있으며 황태성이 박정희와 김종필이 주장했듯이 그저 간첩이 아니라 김일성의 특사였다는 분명한 증거인 것이다."

-황태성은 경북 출신의 사회주의자-독립운동가로, 일제강점기 박정희의 멘토와 같은 역할을 했다. 박정희는 어떻게 황태성과 알게 됐으며 그럼에도 불구하고 김일성 특사로 남하했다는 황태성을 만나보지도 않고 총살시켰다고 보는가?

"황태성은 경상북도 상주 출신으로 경성제일고보(현 경기고등학교)와 연희전문학교를 다닌 수재였다. 그는 일제강점기 조선공산당에 가입하였고 1927년 신간회 김천지회를 창립하는 데 커다란 역할을 하였으며 1929년 11월 광주 학생 운동과 관련되어 구속되기도 하는 등 일제강점기 사회주의 계열의 적극적인 독립운동가였다.

황태성은 1906년생으로 경북 칠곡 출신인 박정희의 친형 박상희와 오랜 친구였다. 황태성이 언제부터 박상희와 친분이 있었는지는 알 수 없다. 일제의 고등 경찰 자료에 의하면 1927년 5월 16일 조선사회단체중앙협의회 창립 대회 때 황태성은 김천의 금릉청년회 대표로, 박상희는 선산의 구산구락부 대표로 참석했다.

황태성과 박상희는 일제하 '서울파' 사회주의 운동과 맥을 같이 하고 있었다. 이러한 인연으로 가깝게 지냈던 것으로 보인다. 황태성은 김천 출신으로 대구 신명학교를 졸업하고, 1929년 근우회 김천 지회장으로 활동하던 조귀분을 박상희에게 소개하여 둘이 결혼에 이르게 됐다.

1945년 해방 직전, 황태성과 박상희는 여운형의 조선건국동맹에서 활동했다. 해방이 되자 황태성은 조선공산당에서 활동했고, 박상희는 건국준비위원회 구미 지부를 창설하여 1945년 11월 전국인민위원회대표자 회의에 경북 선산군 대표 3인 중 1인으로 참가했다. 그러나 1946년 10월 항쟁 때 황태성은 월북하였으나 박상희는 구미경찰서를 공격하는 과정에서 경찰 총에 맞아 사망했다. 이 사건을 계기로, 박정희는 박상희의 친구인 이재복의 추천을 받아 남로당에 가입하게 된 것으로 보인다.

이후 5·16쿠데타 직후인 1961년 8월 30일, 황태성이 김일성 특사로 내려와서 박정희와 김종필을 만나 남북 협상과 통일에 대한 논의를 하려고 하였으나 결국 체포되어 간첩 혐의로 처형되고 말았다. 이 과정에서 황태성이 박정희와 김종필을 만났는지에 대해서도 논란이 있다. 사건 당시 미국 CIA 요원인 래리 베이커는 '박정희와 황태성이 세 번이나 만났다'고 증언을 한 바 있다. 이 내용은 재미 언론인 문명자의 저서 『내가 본 박정희와 김대중』에 소개됐다.

황태성은 1961년 10월 20일, 중앙정보부에 체포되어 1963년 12월 14일 처형됐다. 이 기간에 제5대 대통령 선거가 치러지면서, 윤보선 후보가 박정희에 대한 사상 논쟁을 제기했다. 그러나 개표 결과는 아이러니하게도 박정희가 15만 표 차이로 승리했다. 이후 박정희는 미국을 의식하였는지 그의 '레드 콤플렉스'를 감추려했는지 결국 황태성을 총살하고 말았다.”

최고 권력자의 레드 콤플렉스가 만든 비극

-2기 진실위가 생긴다면 실체적 진실을 규명해야 할 대표적 사건으로 황태성 사건을 꼽은 적이 있는데 그 이유는?

“황태성 사건은 5·16쿠데타 이후 북한이 남한에 황태성이란 서울급 인물을 특사로 보내 남북 협상과 통일 문제를 논의하려 했다가, 결국 황태성이 체포되어 간첩 혐의로 처형된 사건이다. 또한 이 사건이 미친 파장은 결국 제5대 대통령 선거 결과에 영향을 주는 등 한국 현대사의 역사적 사건이었다. 이와 같이 황태성 사건은 일반 간첩 사건과는 그 성격이 다르다. 한국 현대사 연구자나 학계에서는 상당히 일반화된 이야기다. 그런데 이러한 역사적 사건의 진실을 아직도 국가가 외면하고, 공식적으로 밝히지 못하고 있다. 이런 현실 자체가 과거 청산이 아직도 필요하다는 사실을 보여 주고 있다.

아울러 황태성 사건은 우리 사회에 아직도 뿌리 깊은 레드 콤플렉스에 대해 여러 가지 측면에서 교훈을 주고 있다. 아직도 현실 정치와 사회에서 색깔론을 덧씌워 빨갱이니 좌익이니 운운하지 않은가? 멀쩡한 사람을 정치적 희생물로 만드는 작태가 지금도 횡행하고 있지 않은가?"

-황태성 사건과 관련하여 김종필의 역할과 영향도 있었을 듯하다. 김종필은 박상희의 딸 박영옥과 결혼한 박상희의 사위이며 박정희에게는 조카사위이고 중앙정보부를 만든 권력의 2인자였으니 황태성 사건과 관련하여 어떤 의미로든지 역할을 했을 것으로 추측된다.

"김종필은 황태성 사건 당시 초대 중앙정보부장을 하였고 또 민주공화당 초대의장을 역임하였다. 김종필은 부인 박영옥이 사망한 직후 「중앙일보」에 한국 현대사에 대한 회고록을 연재했다. 박정희와 더불어 5·16 쿠데타의 주역이었던 그는 쿠데타 직후 '반공을 국시의 제1의로 삼는다'로 시작되는 '혁명 공약'을 직접 작성했다고 한다. 박정희의 레드 콤플렉스에 대한 미국과 주변의 시선에 대한 방어적 표현이었다.

나는 한국 현대사의 커다란 굴곡을 살아갔던 그가 황태성 사건뿐 아니라 역사적 진실에 대하여 소이부답笑而不答하지 말고 진실을 말하기를 바란다. 그것이 그가 박정희와 더불어 한국 민주주의를 후퇴시켰던 행위에 대해 역사에 속죄하는 길이라고 생각한다."

–황태성은 박정희는 물론 김종필과도 친분이 두터운 사이였을 것으로 짐작된다. 황태성이 월남 후, 5·16쿠데타 세력의 실세였던 김종필을 자주 만나 정치 자금을 제공하고 여러 가지 이야기를 나누었다는 설도 있다. 북한 노동당의 조직과 운영 방식 등이 공화당 조직에 많이 참조되었을 것이라는 소문도 있다. 황태성 사건의 진실을 밝힐 열쇠를 김종필이 가지고 있다고 지목할 수 있는 구체적 이유나 근거가 있는가?

"황태성 사건과 관련해서 핵심적인 인물 가운데 유일한 생존자가 김종필이다. 그는 5·16쿠데타의 실질적 계획자이며 서중석 교수에 따르면 당시 미국도 김종필에 대해 상당히 주목하고 있었다고 한다. 김종필은 나중에 사실이 아니라고 번복했지만, 1992년 6월 21일

「조선일보」 기사에 따르면 '황태성을 만난 적이 있다' 고 증언한 바 있다. 이는 앞서 언급했던 재미 언론인 문명자의 증언과 일치하고 있다. 김종필은 현재 「중앙일보」에 한국 현대사에 대한 증언을 연재하고 있다. 황태성 사건에 대해서도 그는 진실을 밝혀야 한다."

이 인터뷰 이후 김종필은 2015년 4월 22일에 공개된 중앙일보와의 인터뷰에서 황태성 건에 대하여 "황태성은 남북협상 밀사로 자처했지만, 김일성은 황태성에게 박정희와 나를 만나서 북한에 합류하도록 설득 공작을 해 보라는 밀명을 내렸던 것"이라고 주장했다. 그는 "황이 밀사였다면 사전에 우리 쪽과 어느 정도 물밑 호응이 있었어야 했는데 그런 일이 없었다. 그의 남파를 나는 체포 전에 몰랐다"고 밝혔으며 자신은 처음부터 그를 간첩으로 취급하여 없애려 했다는 입장을 밝혔다.*

---

* "황태성은 큰 간첩 … 밀사 아니다" 50년 논쟁 결말. 중앙일보. 2015. 4. 22.

03
5040

1950년 8월 25일경 용산 인근 유격대의 야간 공격에 말려들어 사망한
북한 피난민들 ⓒDefense Imagery Management Operations Center

16. 1950년 11월
갓난아기들도 낙인 찍어 사살
한국전쟁 속 벌어진 함평 11사단 사건

한국전쟁 시기인 1950년 11월 20일부터 1951년 1월 14일까지 전라남도 함평군, 광산군, 장성군 인근에서 국군 11사단 군인들에게 민간인 249명이 '빨갱이'로 몰려 학살되는 참상이 일어났다.[*]

진실위에서는 2006년에 이 사건을 조사했고 그 결과 희생자들은 모두 비무장 비전투원인 민간인, 즉 농민들이었음이 밝혀졌다. 희생자 중에는 여성이 64명으로 25.7%, 20세 이하가 93명으로 36.5%, 61세 이상이 11명으로 4.4%였다. 더욱 충격적인 것은 태어난 지 얼마 안 되어 호적에 미등재된 아기 16명도 '빨갱이'란 죄로 국군에 의해 학살당한 점이다. 어째서 함평 지역 농민들은 국군 11사단에 의해 무차별 학살된 것일까?

"엉덩이까지 총알이 뚫고 나갔다"

당시 함평군 월야면 정산리 장교마을에 살던 한 주민의 증언에 따르면 1950년 12월 6일 새벽 일곱 가구가 살던 장교 마을에 약 스무 명의 11사단 군인들이 들이닥쳐 집마다 불을 지르며 "살고 싶으면 마을 앞으로 나와!"라고 소리를 질렀다. 그 고함에 쫓기다시피 몰려나온 주민들을 국군들은 선별 과정도 없이 총살했다. 군인들은 장교마을 주민들이 빨치산 활동을 한 이유로 학살했다고 주장했다. 하지만 진실위 조사 결과 사건 당

* 민간인학살 추정지서 유골5기·탄피 등 발굴. 오마이뉴스. 2003. 10. 20.

불갑산에서 발견된 유해 ⓒ진실위 자료

일 이른바 좌익은 마을 내에 있지 않았고 학살 희생자
들은 좌익과는 전혀 무관한 농민들이었다.

안종필은 당시 모친 등에 업혀 모친과 함께 총에 맞
았지만 살아남았다. 하지만 그의 형 안종탁은 현장에서
사망했다. 그는 2007년 진실위에서 당시 상황을 설명
했다.

"형님은 고환에 총알이 관통해 현장에서 죽었습니다.
어머니가 저를 업고 있어서 어머니 팔과 옆구리를 뚫고
제 엉덩이까지 총알이 뚫고 나갔습니다. 어머니는 그
후로 한쪽 팔을 전혀 사용할 수 없었습니다."

쌍구룡 학살 현장에 있던 박용원은 2006년 진실위에
서 자신이 겪었던 잔인한 상황에 대해 증언했다.

"군인들은 1950년 12월 31일 해보면 대창리 성대마을에 들이닥쳐 마을을 에워싼 채 불을 지르며 '죽지 않으려면 모두 나와'라고 해 주민을 해보중앙초등학교 부근 쌍구룡으로 집결시켰다. 그리고 끌려나온 주민들 중 남자들을 골라 초등학교 옆 길가에 앉혀놓고 기관총을 발사했다. 이때 주민 중 장진섭이 일어나 '아무 죄도 없는 사람을 왜 죽이느냐'고 항의하자 군인은 대검으로 그의 가슴을 찌르고 총살했다. 이렇게 마을 남자들이 모두 죽자, 군인들은 여자들을 밭으로 한 명씩 가도록 한 후 한 명씩 총으로 쏘았다. 한 주민이 '군경 가족도 죽이느냐'고 묻자 그때부터 군경 가족을 한쪽으로 골라낸 다음 총살을 계속했다."

함평군 나산면 이문리에서는 "좌익 협력자가 마을에 거주한다"는 명목으로 주민들이 군인들에게 학살되었다. 그러나 진실위 조사 결과 당시 이 마을의 경제력 있는 주민은 광주 등 대도시로 군인들이 학살을 자행하기 전에 먼저 피난했고, 좌익 활동을 했거나 빨치산에 협조적이었던 주민들은 이미 주위에 있는 불갑산으로 입산한 뒤였다.

죽이는 사람 수를 할당하다

당시 학도연맹원이었던 정현모는 2006년 진실위에서 "나는 쌍구룡에 가서 주민을 죽이는 것을 목격했는데 중대장이 관상 보듯이 골라내 모아 놓고 기관총으로 갈겼습니다. 아이를 업고 있는 여자에게도 총격을 했습니다"라고 진술했다.

또 다른 학도연맹원 윤채병도 "(군인들이) 빨치산과 교전을 벌이다가 뜻대로 되지 않자 마을에 들어가 주민들을 죽였습니다. 군인이라고 볼 수도 없고, 공비들에게 쫓기면 화풀이로 주민을 죽이고 불을 지른 것으로 생각됩니다"라고 학살 상황을 회고했다.

구국연맹원 윤홍병은 "당시 학련(학도연맹원) 대장이서 아무개였습니다. 학련 감찰반에 문 아무개, 신 아무개, 이 아무개 등이 있었는데 사람을 잡아다 고문하고 폭행했습니다. 특히, 문 아무개는 대창으로 찔러 죽이기까지 했습니다. 군인들이 학련을 길잡이로 앞세워 마을에 가서 나쁜 짓을 많이 했습니다"라고 증언했다.

임화수는 자신이 가해자의 변덕으로 살아남을 수 있었던 아찔한 기억을 떠올렸다.

"군인 한 명이 소를 끌고 가는 저에게 '진작부터 끌고 왔느냐'는 말을 경상도 말로 물어 못 알아듣고 그냥 '예' 했습니다. 그 군인은 '너는 빨리 가' 하면서

엉덩이를 걷어차려는 것을 피하고 도랑을 건널 때
총소리가 나 뒤를 보니 군인들이 일행 중에 임광진,
김병수, 심달섭, 김종섭, 임봉수 씨 등 12명을 3열로
세워 놓고 총을 쏘는 것을 보았습니다. 군인들은
이어 20대에서 40대 사이의 남자들을 선별한 다음
신죽마을 앞에서 3열로 정렬시킨 후 모두
총살했습니다."

형들의 학살 장면을 멀리서 목격한 탓에 제대로 모습
을 보지 못한 정재윤은 "동생 재선이 '전하마을 뒷산에
서 한 사람은 죽어 있고, 세 사람은 군인들 앞에서 손을
들고 있었는데, 군인들이 총으로 죽이는 것을 봤다'고
말했습니다. 집으로 돌아왔는데 어머니가 울면서 '너의
형들이 죽었다'고 해 그때 형님이 죽은 것을 알았습니
다"라며 당시 상황을 회상했다.

목격자 윤주원은 군 상부의 '할당제 학살 지시'와 군
인들의 약탈 행위에 대해 증언했다.

"군인들이 이발소에서 주민들 집에서 금반지, 분첩
등을 가져왔다고 자랑삼아 이야기하는 것을 들었으며,
분첩*은 주고 가기도 했습니다. 1950년 12월
크리스마스 전이었는데 군인들이 '상부로부터
하루에 공비 50명씩을 죽이라는 지시가 내려왔다'고

* 화장할 때 분가루를 찍어 바르는 기구.

말하는 것을 들었습니다."

당시 주민 곽상덕은 "군인들이 집집마다 돌아다니면서 불을 지르며 큰소리로 주민들을 동네 앞으로 모이라고 해, 여자와 어린이를 제외한 나머지 주민은 동네 앞논으로 들어가라고 한 뒤 논으로 들어간 남자들을 총살했다. 그리고 남은 주민들에게 성냥을 나누어 주며, 마을에 내려가 미처 타지 않은 집에 불을 지르라고 했다"고 회고했다.

또 다른 증인들은 "1951년 1월 12일 군인들은 대창리 성대마을에서 가까운 인근 해보면 상곡리 모평마을 주민을 집단 총살했는데, 군인들은 마을에 들어가 집집마다 불을 지르며 '살려면 쌍구룡 쪽으로 나오라'고 소리 지르고는 나오는 대로 총을 쏘았다"며 당시의 끔찍한 장면을 진실위에서 털어놨다.

목격자 이계백은 1951년 1월 14일 군인들이 "나산면 우치리 소재마을에 와 집 안에 있던 주민들을 마을 앞으로 집결시키고 무차별적으로 총살했다"고 진실위에서 진술했다.

진실위 조사에 따르면 학살이 일어났던 수해리 2구 신죽마을과 월곡, 양현마을까지 합하면 70여 가구의 마을 중 절반 가까운 집들이 불에 탔다. 특히 신죽마을의 경우 군인들이 거의 모든 집들을 불태웠던 것으로 밝혀졌다.

또 임양수와 김수성 등 두 명의 주민은 월야면과 삼서면 경계에 있는 대도천에 다다른 군인들로부터 넘치는 냇물을 업어서 건너게 해 달라는 명령을 받고, 이들을 업어서 건너게 해 준 다음 바로 그 군인들에 의해 총살된 것으로 드러났다.

"피투성이가 된 채 악악 소리 지르며 쓰러졌다"

학살 현장 생존자 정남숙은 남산뫼에서의 학살에 대해서 2006년 진실위에서 이렇게 증언했다.

"군인들이 마을 주민을 남산뫼에 모이게 한 후 어린 학생들은 불을 지르라고 마을에 내려가게 한 후, 남아있는 주민들을 총으로 학살했습니다. 모두가 피투성이가 된 채 악악 소리를 지르며 쓰러졌습니다. 1차 총격 이후 살아남은 사람은 살려 준다고 다시 일어나라고 해 주민 몇 명이 일어나자 중대장은 이들을 마을에 내려가 불을 끄라고 한 뒤, 뒤에서 또다시 사격 명령을 내렸습니다. 저는 1차 총격에는 총을 맞지 않아서 살아 있었고, 살아남은 사람은 일어나라고 할 때도 일어나지 않아서 총을 맞지 않았습니다. 그리고 또 살아남은 사람들은 살려 주겠다고 일어서게 한 후, 3차 총격을 가해서 모두 학살했습니다. 그 후 군인들에게 시체 사이를 돌아다니며 '살아 있는 사람은 모두 확인해서 사살하라'고 명령했습니다."

정귀례는 국군 중대장이 언니를 중대본부로 끌고 가려 하자 아버지가 강력히 항의했고 이에 군인들이 아버지와 언니를 향해 총을 쏘아 살해했다고 진술했다.

"군인들이 언니를 다른 곳으로 데려가려 하니까 아버지가 군인을 가로막으면서, 죽으면 죽었지 우리 딸은 데리고 가지 못한다고 소리쳤습니다. 그러자 군인이 아버님과 언니를 그 자리에서 총살시켜 버렸습니다. 그 외에도 군인들이 여성 두 명을 어디론가 데리고 가서 욕을 보였다고 마을에 소문이 났습니다."

정상수도 군인들의 부녀자 학살 행위를 목격했다.

"주민 중 남자들은 15세 이상 45세까지 모두 나오라고 해서 한 쪽으로 모았고 여자들은 남편 없는 사람들을 나오라고 했습니다. 그리고 처녀 7, 8명을 골라냈습니다. 처녀들을 골라내는 도중 5중대가 동산마을 정맹모의 딸을 데려 가자 정맹모가 군인들을 가로막으며 '나를 죽이고 데리고 가라'고 항의하자 정맹모와 그의 딸을 동시에 총격하여 사살하였습니다. 어머니는 남편 없는 사람 나오라고 해서 나갔는데, 입산자 가족으로 취급당하자 '남편은 결핵으로 몇 달 전에 죽었다'고 군인들에게 말했으나 오히려 '거짓말하지 마라'며 개머리판으로 폭행을 당한 후 실신한 채로 15세 이상 45세 이하의 사람들이 모여 있던 쪽으로 끌려갔습니다."

금덕리 두루샘 인근에서 학살 현장을 목격한 정재선에 의하면 마을 앞 도로에 불려나온 주민들은 가족 단위로 모여 있었다. 군인들이 10대 후반에서 20대로 보이는 주민 20명을 불러내자 청년 정기복은 군인들이 나오라고 지목해도 머뭇거리면서 "부역한 사실도 없는데 왜 불러내느냐"고 항의했다. 군인은 곧바로 정기복을 사살했다. 정기복을 현장에서 총살한 군인들은 나머지 주민 19명을 해보면 금덕리의 중대본부 쪽으로 끌고 갔다. 보름 후 군인들이 철수했을 때 금덕리 두루샘 부근에서 군인들에 의해 살해된 17구의 시신이 발견되었다.

가해자들의 증언 "덮어놓고 죽이라고 했다"

1950년 12월 월야 지서 토벌 중대장이었던 오정인은 "당시 중대장은 권준옥이었으며, 작전회의에는 세 번 징도 참석했습니다. 월야와 삼서면 경계 지역 작전

회의에 참석했는데, 대대에서 내려온 공문을 보고 중대
장이 공산주의자라고 인정된 사람과 부역한 사람은 무
조건 50명씩 죽이라고 했는데, 결국은 덮어놓고 죽이
라는 얘기였습니다"라고 2006년 진실위에서 진술했
다.

5중대 화기소대원이었던 김공원은 2007년 진실위에
서 "당시 마을에 가면 도망가는 사람이 많이 있죠. 그러
면 도망가는 사람을 불러요. 불러서 돌아오면 살려 주
고, 도망하는 사람은 총으로 쏘았어요"라고 회상했다.

진실위 조사 결과 함평 지역에서 이렇게 무차별 민간
인 학살을 자행한 학살 사건의 가해 부대는 국군 11사
단 20연대 2대대 5중대로 확인되었다. 가해 부대의 지
휘명령계통을 보면 국군 11사단 사단장 최덕신 준장,
20연대 연대장 박기병 대령, 2대대 대대장 유갑열 소
령, 5중대 중대장 권준옥 대위였다. 5중대장 권준옥 대
위는 사건 현장에서 민간인을 학살하도록 지시 명령한
지휘관이었고, 20연대장과 2대대장은 5중대의 이같은
행위를 알고 있어도 전혀 제지하지 않았다. 또 최덕신
11사단장은 민간인 희생이 따르는 무리한 초토화 작전
을 수행하도록 지시했다.

그 결과 태어난 지 얼마 안 되는 아기 16명과 여성
64명을 포함 죄 없는 민간인 249명이 군인들에 의해
억울하게 학살당했다. 학살 희생자들은 국군 11사단 5
중대의 빨치산 토벌 작전 과정에서 빨치산 내통자 또는

협력자라는 이유로 집단 총살되었다. 하지만 진실위 조사 결과 249명의 사망자 가운데 빨치산 활동을 했거나 빨치산에게 협력한 사람은 한 명도 없는 것으로 확인되었다. 결론적으로 희생자들은 빨치산과 국군 사이에서 밤낮으로 시달림을 당하면서도 마을에서 그저 꿋꿋이 농사를 짓고 있던 순박한 농민들이었다.

그러나 이러한 학살을 저지른 이후 책임자들에 대한 처벌은 없었다. 5중대장 권준옥 대위가 문책성 인사로 추정되는 연대 병기장교로 전보 조치가 있었을 뿐 함평 지역 민간인 학살 사건과 관련해 이승만 정권의 정부 인사는 물론이고 11사단의 지휘 명령 계통상 누구도 처벌을 받은 적이 없는 것으로 진실위는 확인했다.

2007년 진실위는 함평 11사단 사건에 대해 이렇게 진실 규명 결정을 내렸다.

"함평 11사단 사건은 '국토 방위의 신성한 의무를 수행함을 사명으로 하는' 국군이 긴박한 전투 상황이 아닌데도 주민을 빨치산 토벌 작전이라는 명분으로 불법 총살한 민간인 집단 총살 사건이었다. 빨치산 토벌이 매우 중요한 작전이었다 하더라도 비무장, 비전투 민간인을, 그것도 어린이와 노약자까지 포함된 지역 주민을 재판 등의 절차도 없이 무차별적으로 총살한 것은 반인륜적 집단 학살이며 명백한 위법 행위였다."

17. 1950년 9월
'월미도에서 사라진 마을'
월미도 미군 폭격 사건 실향민과
그날의 참상

세상에 완전한 인간이 없듯 완전한 국가도 없다. 모든 인간이 실수를 저지르듯이 모든 국가도 실수를 저지른다. 미국이란 국가도 마찬가지다. 그러나 우리나라의 수구 세력은 미국의 잘못이나 실수를 지적하면 곧 반미·종북 집단이라고 비난한다. 가장 위험한 것은 한 인간이나 국가를 맹목적, 절대적으로 믿고 따르는 것이다.

한국전쟁 중인 1950년 9월 23일, 미군의 오폭으로 우방국인 영국군 17명이 전사했다. 1990년대 걸프전쟁 중에는 미군의 오폭으로 영국군 19명이 사망했고 민간인을 포함 100여 명이 부상당했다. 2003년 이라크전쟁에서는 미군의 실수로 영국군과 민간인 18명이 목숨을 잃었고 10여 명이 부상당했다. 그때마다 영국 정부는 미국 정부에 사과와 보상을 요구했고, 미국은 조사 후 적절한 사과와 보상을 했다. 그렇다면 영국의 보수 집단이 미국의 사과와 보상을 요구하는 영국인들을 '반미·좌경 세력'이라고 비난했는가? 전혀 그렇지 않았다.

그런데 우리나라의 수구 세력은 다르다. 그들에게 미국은 절대적인 신과 같은 존재다. 미국의 잘못이나 실수를 지적하는 순간 곧 빨갱이나 좌파로 매도한다. 나는 수시로 성조기를 들고 나와 때도 없이 시위를 벌이는 우리나라의 수구 집단이 조금은 성숙해지길 기대하는 심정으로 이 글을 쓴다.

아침 6시, 월미도에 미군의 폭탄이 쏟아지다

한국전쟁 시기인 1950년 9월 10일 오전 6시경, 월미도 민간인들은 마을에 가해진 미군의 폭격으로 집단 희생되었다. 폭격은 미국 항공기들에 의해 월미도를 무력화시키는 작전의 일환으로 발생했다. 항공모함에서 이륙한 미군 항공기들은 네이팜탄 95개를 월미도 동쪽 지역에 투하하고 기총 소사했다. 이 집중 폭격으로 월미도 동쪽 지역의 건물, 숲 등과 함께 민간인 거주지도 완전히 파괴되었다.

월미도 미군 폭격 사건 발생 이전에도 월미도 내 월미산 서쪽 북한 인민군 요새와 인천 지역에는 폭격이 있었다. 하지만 월미산 동쪽 민간인 거주지를 모두 불태우는 폭격은 월미도 미군 폭격 사건이 처음이었다. 1950년 9월 10일 미군 폭격이 있었던 월미산 동쪽 기슭의 인민군 본부와 민간인 거주지는 300m 정도 떨어져 있었다. 그러나 미군 전폭기들은 민간인 거주 지역에 네이팜탄을 떨어뜨린 후 민간인들에게 무차별 기총 소사를 했다.

이런 미군의 폭격과 사격으로 모든 민간인 마을이 순식간에 불바다가 되었다. 폭격 시간이 아무런 예고도 없는 아침 6시라 마을 사람들은 잠자다 속옷 바람으로 도피했다. 미처 피난을 못 했던 사람은 불에 타 죽었다. 미군 전폭기는 남녀노소 가리지 않고 무차별로 기총 사

미군의 월미도 폭격 이후 항공 사진 ⓒ진실위 자료

격했다. 주민들은 포격과 총격을 피하고자 간조* 상태의 갯벌로 달아나 갯벌에 몸을 묻고 숨었다. 폭격 이전 월미도 민간인 마을에는 약 90가구가 살고 있었다. 미군 폭격 결과 월미도는 집 몇 채만 남고 동네는 기둥 하나 없이 폭삭 무너졌다.

폭격이 끝난 후 민간인들이 해 질 녘에 마을에 돌아와 보니 모든 집과 배가 불에 탔다. 먹을 것도 전혀 남아 있지 않았다. 폭격과 기총 소사 희생자 중 여성과 아동도 많았다. 이들의 사망 장소는 집, 마을 길, 월미도 다리 부근, 갯벌 등이었다. 당시 피해를 입은 주민 중에는 지금까지 연락이 되지 않는 사람도 많아 희생 규모는 정확히 알 수 없다.

이 사건의 희생자 중 신원이 확인된 사람은 정용구 등 10여 명이다. 지난 2008년 진실위는 신원을 확인할

* 바다에서 간수가 빠져나가 해수면이 가장 낮아진 상태.

수 없는 희생자까지 포함해 실제 희생자를 100여 명으로 추산했다.

이 월미도 미군 폭격 사건은 미군의 인천 상륙 작전에 선행해 월미도 점령을 위한 작전 계획하에서 발생했다. 당시 미군은 상륙 작전을 통해 한국전쟁의 전세를 뒤집으려 했고 월미도는 인민군이 주둔했던 인천의 판문으로서 반드시 무력화시켜야 할 전략적 위치에 있었다.

민간인 주거 고려 않고 이뤄진 무차별 폭격

진실위 조사에 따르면 당시 미군은 월미도 동쪽에 민간인 밀집 주거지가 있다는 사실을 알고 있었을 가능성이 매우 크다. 그러나 미군은 상륙 작전에서 인민군의 예상치 못한 반격으로 미군에게 큰 피해가 초래될 수도 있다는 판단하에 모든 불확실성을 없애려는 작전 개념을 세운 것으로 보인다. 또한 1950년 9월 13일 함포 사격 작전의 사전 작업으로 인민군의 방어 시설을 숨겨주는 은폐물을 없애려는 것이 미군 폭격의 주요 목표였다. 따라서 미군은 다수 민간인 거주지가 있는 월미도 동쪽도 집중 폭격을 가했다.

진실위가 입수한 당시 미군 항공공격보고서에도 '이 폭격의 목적은 월미도 동쪽 지역의 전소 또는 철저한 집중 폭격으로 모든 시설을 불태우는 것이었다'고 기록되어 있다. 그리고 이 목적에 맞게 미군은 민간인 주거지 여부를 고려하지 않고 무차별 폭격을 감행했다.

그러나 이런 인민군 본부와 민간인 거주지를 구별하지 않는 무차별 폭격이 전개되었음에도 민간인 마을과 불과 20m 정도 떨어진 곳에 있는 한국전쟁 전 미군의 막사였던 인천 해군 해안경비대의 건물과 시설은, 폭격 당일과 인천 상륙 시까지 전혀 폭격을 받지 않아 온전했다. 그리고 그 막사들은 인천 상륙 작전 후 다시 진주한 미군에 의해 사용되었다.

여기서 우리는 이런 의문이 든다. 한국전쟁 초기 월미도의 민간인 거주지를 포함하는 무차별 미군의 폭격 작전이 과연 불가피했던 것일까? 미국 하버드대학교의 마이클 왈저Michael Walzer 교수는 전쟁의 현상을 다룬 저서 『마르스의 두 얼굴Just and Unjust Wars』에서 한국전쟁에서 미군이 폭격 위주의 군사 작전을 수행하면서 필연적으로 다수 한국 민간인이 희생되는 참상이 발생했다고 언급했다. 왈저 교수는 한국전쟁과 유사한 군사적 필요가 있는 다른 사례의 경우 민간인 희생을 최소화하기 위해서 민간인을 덜 희생하는 작전을 검토해 수행한 경우를 아래와 같이 지적했다.

"2차세계대전에서 공습 대신 특공대 기습을 시도한 곳이 있었다. 1943년 영국·노르웨이 특공대가 독일이 짐령한 노르웨이 페어몽크 지역의 중수重水 공장을 파괴한 적이 있다. 그 특공대는 영국 특수부대 소속이었다. 그들은 독일 과학자들이 원자폭탄을 개발하는 것을 지연시키기 위해 중수 생산을 막아야 하는 중요 임무를 띠고 있었다. 영국과 노르웨이 장교들은 공중 공격과 지상 공격을 놓고 토론을 벌였다. 그 결과 그들은 공습보다는 지상 공격을 선택했다. 그것이 민간인들을 조금이라도 덜 희생시키는 방법이었기 때문이었다. 그러나 그것은 특공대에게는 정말 위험한 임무였다. 첫 번째 시도는 실패했고 그 과정에서 특공대 34명이 사망했다. 두 번째 시도에서 그들은 사상자 없이 성공을 거두었다."

1950년 당시 월미도 주민들은 미군이 해방 후 한국 전쟁 전 월미도에 군사 기지를 두고 진주하면서 주민들과 가까운 곳에 있었고 이 미군들이 인천 상륙 작전 당시 월미도에 관한 정보를 제공했을 것이기 때문에 미군이 민간인 마을의 존재를 당연히 알고 있었으리라고 주장했다. 진실위는 월미도 주민들의 이러한 주장을 자료를 통해 확인할 수 있었다.

우선 "한국전쟁 이전 월미도에 미군 기지가 있었다"는 진술은 1958년에 간행된 『대한민국 해군사』에 기록되어 있다. 그리고 1973년에 나온 『인천시사』에는 1946년 4월 15일 미군이 사용하던 월미도호텔을 기지 청사로 정하고 리이스 소령이 인천 기지 사령관으로 취임했던 사실이 기록되어 있다. 당시 미군 중위 클라크가 발간한 보고서에도 '1946년 월미도의 전 미국통신소 건물 부근에 고사포 2문이 있다'라는 보고가 있다. 이런 기록은 한국전쟁 이전 월미도 내에 이미 미군 기지가 있었던 사실을 증명한다.

이미 월미도를 잘 알고 있었던 미국

위 내용을 종합하면 미군은 1946년부터 월미도에 군사 기지를 두었고 1949년 일본으로 철수하기 전까지 인천항을 많이 이용했다. 그리고 인천 상륙 작전 실행 당시에는 해방 후와 전쟁 전에 인천항 및 월미도에 근무했던 미군들을 작전정보부에 파견했다. 이러한 내용들은 이들이 인천 상륙 작전에서 인천항 및 월미도에 관한 정보를 당연히 잘 알고 있었을 것으로 추정하게 만든다.

미군이 인천 상륙 작전 직전 인천 지역에 관한 정보를 획득하는 또 다른 방법은 항공 정찰을 대규모로 반복 실시하고, 항공 사진을 찍어서 이를 항공측지 전문가들이 분석하는 것이었다. 당시 미군이 찍은 항공 사진의 정확성은 놀라울 정도였다. 예컨대 '만조 시 안벽 높이에 대한 측정값과 실제와의 오차는 10m 이내였다'는 기록도 있다.

이렇듯 당시 제공권을 가졌던 미군은 상륙 작전 지역

인 인천과 월미도에 대해 정기적 공중 정찰 및 항공 사진 촬영을 하고 따른 관련 자료 및 경험자의 의견을 참고해 분석했다. 진실위 조사 결과 당시 미군이 촬영한 항공 사진을 보면 월미도 동쪽 지역에 수백 명이 거주하는 민간인 마을이 분명하게 표시되어 있다. 또한 당시 미군의 월미도 공중공격보고서 3차 폭격 보고서 기록 중 '창고 2개와 수풀 지역, 수많은 작은 건물들을 태워 버림'*이란 내용을 통해 '수많은 작은 건물들'이 민간인 집을 지칭했던 것으로 진실위는 추정했다.

그리고 당시 미 해군 기록에는 '다음날 항공 사진을 분석한 결과 이 지역에 있는 44개 건물 중 39개가 파괴되었으며, 민간인 거주 지역은 완전히 파괴되고,** 섬의 북쪽은 건물 80%가 파괴되었다'며 건물과 민간인 거주 지역을 구분해 보고하고 있다. 결론적으로 미군의 정보 부서는 월미도 폭격 전, 당시 월미도 주민들의 주장처럼 월미도에 전에 근무했던 군인들에 의해서든, 혹은 항공 사진에 의해서든 월미도 민간인 거주지의 존재를 충분히 알고 있었을 것이라고 진실위는 추정했다.

또한 당시 미군 항공공격보고서를 보면, 월미도 폭격 당시 미군 전폭기들이 대단히 낮게 날며 폭격을 했던 사실을 확인할 수 있다. 이 보고서들에는 폭격 고도가 200피트(75.6m) 2회, 100피트(30.48m), 300피트

---

* '2 warehouses—wooded area burned, numerous small buildings'
** 'the entire dwelling area burned out'

(91.44m), 500피트(152.4m)가 각각 1회였다고 기록되어 있다. 500피트 1회의 경우를 제외한 나머지의 경우는 300피트 이하의 높이였다. 즉 미군 교범에 따르더라도 정찰기가 육안으로 민간인을 식별할 수 있는 높이였다. 또한 '전시 민간인 보호를 위한 제네바협약'에 의해 전시의 특별한 보호 대상으로 분류된 아동과 여성 등의 존재 여부를 식별할 수 있는 높이였다.

그리고 피해자인 월미도 주민들은 미군 폭격 당시 날씨가 아주 맑은 초가을 날씨였다고 2007년 진실위에서 진술했다. 미군항공공격보고서의 기록에도 폭격 당시 '시계 양호'*와 '맑은 공기'**로 4회 기록되어 있다. 높은 구름이 3회 있었으나 타격을 위해 하강한 지점인 100~500피트 높이에서는 대단히 맑은 날씨로서 시야에 아무 장애가 없었던 것을 미군 보고서에서조차 명확히 확인할 수 있는 것이다.

또한 미군 보고서는 전폭기의 기총 소사 지역을 아예 민간인 주거지, 창고, 갯벌 등으로 기록하고 있다. 이런 장소는 당연히 민간인이 존재할 개연성이 큰 지역이다. 특히 갯벌에는 집을 폭격당해 대피한 민간인들이 있었다. 미군 항공공격보고서 제2차 폭격 보고서에는 아예 '(인민군) 군대는 안 보인다'는 관찰 결과와 '해안선과 방파제를 따라 기총 소사하라'는 명령을 받아 폭격한

----

* CAVU, ceiling and visibility unlimited

** CA, Clear Air

사실이 기록돼 있다.

당시 15세였던 목격자 임인자 씨는 2007년 진실위에서 1950년 9월 미군의 총격이 무차별적이었다고 진술했다.

"아버지와 작은아버지가 오후에 배 타고 월미도에 건너가서 작은아버지의 집에 있던 할머니와 사촌 여동생을 데려왔어요. 그 폭격 중에도 작은아버지 집은 동네에서 한참 외떨어져 있어서 불에 타지 않았어요. 아버지가 와서 하는 말이 사촌동생과 할머니를 양팔로 데리고 왔는데 양팔에 두 사람이 바뀌어 있었으면 죽었을 것이라고. 왜냐하면 비행기에서 기총 소사를 했는데 사촌동생은 작으니까 (오른쪽) 팔에 안고 할머니는 왼손을 잡고 왔는데 기관총탄이 오른쪽 팔을 폈으면 닿았을 자리에 날아와 딱 박히더라는 거예요."

이런 사실을 종합해서 2008년 진실위는 당시 미군이 "인민군과 민간인을 식별할 수 있는 근접한 거리를 비행하면서도 민간인을 인민군과 구별하지 많은 채 무차별 기총 소사했음을 확인할 수 있다"고 진실 규명했다. 이어서 민간인 희생을 줄이기 위한 최소한의 조치도 없이 월미도 전체를 미군이 무차별 집중 폭격하고 육안으로 식별 가능한 고도에서 주민에게 기총 소사까지 한

미군의 월미도 폭격 후 월미도 모습 ⓒ진실위 자료

것은 국제인도법, 전쟁법의 민간인 면제 규범에 의한 민간인 구별의 원칙, 비례의 원칙에 위반된 작전을 펼쳤다는 비난을 면할 수 없다고 지적했다.

국제인도법과 전쟁법 위반

노무현 전 대통령이 임명한 안병욱 2기 진실위 위원장은 미군 폭격 사건에 대해 이렇게 입장을 밝혔다.

"미군의 폭격이 필요했다 해도 민간인 안전 조처 없이 폭격한 것은 국제인도법과 전쟁법을 위반했기에 미국은 그 책임을 피하기 어렵다."

반면 이명박 전 대통령이 임명한 이영조 3기 진실위

위원장은 같은 사건에 대해 이렇게 주장했다.

"군사 작전상 긴박한 필요 여부가 판단 기준이 되었기 때문에 고의·불법성이 입증되지 않아 미군 폭격은 법률적으로 문제가 없다."

이에 '한국전쟁전후 민간인피학살자 전국유족회'는 2010년 7월 23일 성명서를 통해 "이영조 위원장의 부모와 온 가족이 미군 폭격에 의해 몰살당했다면 그런 한가한 소리가 나올 법이나 하겠는가"라고 항의했다.

이렇듯 월미도 주민들은 거주지가 인천 상륙 작전의 성패를 가름하는 핵심 지역이 되면서 국제법에서 정한 민간인 면제 규범에 따른 보호도 받지 못하고 전쟁의 혹독한 피해를 입었다. 전쟁이 끝난 뒤에 월미도는 군사 기지가 되었고, 그에 따라 유족과 실향민은 월미도 폭격 사건으로부터 지금까지 그리운 고향으로 되돌아가지 못하는 말 못할 아픔을 겪고 있다.

2020년부터 인천시는 미군 폭격으로 피해를 본 월미도 실향민들에게 지급하기 위한 생활 안정을 위한 조례를 마련해 매달 25만 원의 생활안정지원금을 지급하고 있다. 하지만 실제 지급 대상은 인천에 거주하는 24명이다. 또한 월미도 실향민들은 1952년부터 고향으로 돌아갈 수 있게 해 달라고 정부에 요청했다. 그러나 미군 부대 주둔, 각종 개발 계획 등의 이유로 그 뜻을 이루지 못하고 있다. 월미도 실향민들은 생활안정지원금을 지급하기로 한 인천시의 조치를 반기면서도 장기적으로는 귀향길이 열리길 기대하고 있다. 진실위도 월미도 사건의 진실을 규명하면서 우리 정부에 미국과 협상을 통해 사건 피해자에 대한 실질적 보상 방안과 월미도 원주민들의 귀향 등을 적극 강구할 것을 권고했다.

이런 현실 속에서 한국전쟁이 휴전이 된 지 어언 70여 년이다. 하지만 미국을 절대적 신과 같은 존재로 여기는 사람들은 언제 사라질 날이 올까?

18. 1950년 7월
민간인을 학살한 아버지,
속죄하며 진실을 파헤친 딸
제주 예비 검속 사건의 비극

정치학 박사인 그녀는 나와 노무현 정부 시절 진실위 동료였다. 내가 진실위에 근무했을 때 제주 4·3항쟁과 관련한 국제회의차 제주도로 함께 출장을 간 적이 있다. 저녁 식사가 끝나고 바닷가 숙소 주변을 함께 걸으며 그녀는 자신이 과거 청산 운동에 몸담게 된 계기를 들려주었다.

그녀의 부친은 한국전쟁 당시 제주도에서 근무했던 해병대 장교였다. 어려서부터 그녀는 부친으로부터 한국전쟁 초기 제주 지역의 '빨갱이를 학살'한 무용담을 귀에 못이 박이게 들으며 자랐고 그런 부친을 무척 자랑스러워했다. 그런데 나중에 대학과 대학원에 들어가 한국 현대사를 공부하면서 그녀는 큰 충격을 받았다. 어려서부터 부친에게 들은 '빨갱이 학살 무용담'에 등장하는 희생자들이 부친이 항상 주장했던 '빨갱이'가 아니라 아무 죄 없는 그저 민간인들이었다는 새로운 사실을 발견했기 때문이었다.

굴 입구에 세워 놓고 학살

부친은 그런 역사의 진실을 모르고 이미 세상을 떠났다. 하지만 그녀는 부친의 '죄'를 속죄하고자 하는 일념으로 과거 청산 운동에 뛰어들었다고 했다. 그럼 한국전쟁 초기 당시 제주도에서는 과연 무슨 일이 벌어졌던 것일까?

1950년 한국전쟁이 일어나자 이승만 정권은 제주도 경찰국에 제주 지역의 '요시찰인 및 불순분자를 일제히 구금'하라고 지시했다. 이에 제주 모슬포경찰서는 관할 지서에 예비 검속 대상 주민들을 연행해 구금하도록 지시한다. 그리고 모슬포경찰서 관내 예비 검속자들은 모슬포 절간고구마창고, 어업조합창고 등에 구금되었다.

모슬포경찰서는 구금한 예비 검속자들의 과거 경력을 조사하고 명부를 작성했다. 경찰은 예비 검속자들을 개인별로 심사해 D, C, B, A의 4등급으로 분류했다. 이 가운데 B, A급은 석방 또는 계속 구금되었고, D, C급은 1950년 7월 16일과 8월 20일 해병대에 송치되었다. 당시 모슬포경찰서는 민간인 344명을 예비 검속해 이 가운데 D, C급 252명을 해병대에 송치했다.

진실위 조사 결과 D, C급으로 분류되어 송치된 예비 검속자 중 218명은 해병대에 의해 학살된 것으로 확인되었다. 이들이 학살된 장소는 제주도 남제주군 상모리 섯알오름에 위치한 일제강점기 탄약고로 쓰이던 굴 속과 그 주변이었다.*

1차 학살은 해병대 모슬포부대에 의해 1950년 7월 16일~20일에 집행되었다. 이때 모슬포 해병대원들은 총살 장소인 섯알오름 탄약고 터에 미리 도착해 일렬종대로 서서 대기하고 있다가 트럭에 실려 온 민간인들을 한 사람씩 끌고 가서 굴 입구에 세워 놓고 학살했다.

---

* 성산포경찰서장, 한국판 쉰들러였다. 오마이뉴스. 2014.12.18.

2차 총살은 모슬포 주둔 해병대에 의해 1950년 8월 20일에 집행되었다. 해병대원들은 경찰로부터 인계받은 예비 검속자들을 군 트럭을 이용, 1차 총살 때와 같은 장소인 섯알오름 탄약고 터로 끌고 가서 학살했다.

1950년 8월 20일 새벽 학살 현장에 있던 이 아무개는 "당시 총살 현장을 처음 목격하고 시신 27구를 수습했는데 희생자 시신에는 총상 흔적이 아주 많았다"라고 2006년 6월에 진실위에서 진술했다.

진실위 조사 결과 이 사건 희생자 전체 218명 중에는 교사 11명, 공무원 5명, 마을 유지 5명 등 이른바 사회지도층이 약 10%를 차지하고 있었다. 제주 경찰은 6·25 이전부터 과거 좌익 활동이나 제주 4·3사건 관련자들을 주요 사찰 대상자로 선정해 동향을 사찰해 왔고 전쟁이 발발하자 이들을 곧바로 예비 검속했다. 이승만 정권의 예비 검속은 6·25 직후 이른바 '불순분자'를 구속해 전시 치안 질서를 안정시키려는 목적에서 전국적으로 실시되었다. 하지만 제주에서는 일부 영향력 있는 이들까지 학살했다. 전체적으로 경찰의 예비 검속자 분류 기준은 공정하지도 않았고 매우 자의적이어서 구체적인 행동 여부와 무관하게 의심만으로도 군 송치 대상에 포함되었다. 진실위 조사 결과 본 사건 희생자 대부분은 좌익 활동이나 4·3사건과 별 관련이 없는 사람들인 것으로 밝혀졌다. 그런데도 밀고, 모략, 경찰과의 불화, 개인적인 감정 다툼으로 예비 검속되어 억울하게 학살된 경우가 많았다.

질투와 시기, 모략으로 살해당한 사람들

당시 무릉 지서 의용소방대원이었으며 수감된 예비 검속자들의 경비를 담당했던 변 아무개는 "예비 검속 기준이 무엇인지는 모르겠지만, (수감자 중에는) 대한 청년단원 출신자들이 많이 검속되었고 경찰하고 사이가 좋지 않은 사람들이 끌려온 것 같았다. 그래서 살기 위해서는 경찰한테 잘 보여야겠다는 생각을 했었다"라고 2006년 5월 진실위에서 회고했다.

당시 정보부 하부 정보원으로 활동했던 예비 검속 생존자 윤 아무개도 그를 뒷받침하듯 "예비 검속 당시 교사, 면사무소 직원 등 공무원 희생자가 많은 이유가 정보원의 모략 때문으로 추정한다"라고 2007년 5월 진실위에서 증언했다.

모슬포경찰서 두모 지서에 근무했던 고 아무개는 사건 당시 "도망갈 사람은 이미 다 도망가고 한라산 공비하고는 전혀 관계 없이 지방에서 얌전히 있던 사람들이 끌려가서 다 죽었다"고 진실위에서 진술했다.

희생자 김하종은 4·3사건 당시 서귀포경찰서 경찰로 근무하다가 1950년 3월 안덕초등학교 교사 발령을 받고 교사로 재직하고 있다가 학살되었다. 유족들은 김하종이 학살된 이유가 "4·3사건 당시 경찰로 근무할 때

감정을 가지고 있던 사람들이 모략했을 수도 있고, 그가 안덕면 1등 부자 소리를 듣는 유지였기 때문에 시기해서 모략한 것으로도 생각"했다. 또 "그가 일본에서 공부하고 고향에 돌아온 것을 이유로 좌익 사상자로 밀고가 들어가 희생된 것"으로 추정했다.

또 다른 희생자 김원봉의 유족은 당시 "누이를 마음에 둔 무릉 지서 경찰이 자신의 요구를 들어주지 않자 보복으로 모략(학살)한 것으로 추정"했다.

희생자 김대수는 한림중학교 재직 당시 "서청 출신 교사들과 사이가 좋지 못해서 서청 출신 교사의 모략으로", 희생자 김응흡은 당시 고산리에서 "얌전하고 어진 사람으로 인기가 많았는데, 마을 청년들의 시기·모략으로", 희생자 이재근은 "가파리 유지급으로 재산이 많았는데 이를 시기한 가파리청년단과 모슬포경찰서 파견 경찰의 모략으로", 희생자 이자익은 "모슬포경찰서 고 아무개 형사가 상모리의 모 여자를 소개해 달라는 요구를 들어주지 않자 악감정으로 모략하여" 학살된 것으로 유족들은 추정, 주장했다.

유족들은 억울하게 학살된 가족의 한을 평생 지울 수 없는 상처로 안고 살아왔다. 그들은 가족이 학살당한 후에 정신적, 경제적으로 말할 수 없는 고통을 겪으며 가족을 잃은 박탈감 속에서 정신적 후유증을 겪었고 평범한 가정 생활을 할 수 없었다. 가족이 희생된 후 모친이 화병으로 사망한 경우도 있었으며 가족이 갑자기 학살당한 것에 대한 두려움 때문에 가출해 행방불명된 사람도 있었다. 유족 자녀들은 어려서부터 정상적 가정생활을 할 수 없었으며 경제적으로 늘 빈곤했고 학업을 제대로 할 수도 없었다. 남편이 학살당한 여성들은 '빨갱이 가족'이란 낙인을 쓰고 홀몸으로 자녀들의 생계를 책임져야 했다. 또한 남편이 학살된 여성 중에는 생계를 위해 재가한 경우도 있었고 모친이 재가한 후 아들이 자살하는 비극도 있었다.

"특이한 동향 없지만 만일을 대비해서"

지금까지 제주 모슬포 예비 검속자들은 공산주의 부역자로 알려져 학살의 대상이 되었던 보도연맹원들이었다고 판단되어 왔다. 그러나 진실위 조사 결과, 제주 모슬포 예비 검속자들이 보도연맹원이었다는 근거는 전혀 찾을 수가 없었다. 당시 제주 지역의 예비 검속과 관련해 내무부 치안국과 제주도경찰국, 제주도경찰국 관할 각 경찰서, 특히 제주도경찰국과 모슬포경찰서 사이에 지시 보고된 문서에서 제주 지역 보도연맹원을 언급한 내용은 전혀 발견되지 않았다.

게다가 모슬포경찰서에서 예비 검속 대상자들을 검거·구속해 등급별로 평가한 예비 검속자 명부나 총살자와 가족 명부에도 보도연맹원 관련 언급이 전혀 없었다. 특히 이들 명부에는 희생자 개인별 범죄 개요나 좌

정뜨르비행장(현 제주국제공항) 내 학살 유해 발굴 ⓒ진실위 자료

익 단체, 소속 지위 등이 자세히 기록되어 있었는데 여기에도 보도연맹원 가입 여부가 전혀 기록되어 있지 않았다. 1950년 6·25 직후 제주 지역 예비 검속과 관련된 경찰 공식 문서가 많이 남아 있는데도 이들 자료에서 보도연맹원에 대한 언급조차 없다는 사실은 기록자의 실수라기보다는 제주 지역 경찰이 육지의 보도연맹원과는 다른 차원에서 예비 검속을 한 결과라고 진실위는 해석했다.

또한 이 사건 당시 성산포 경찰이었던 문 아무개 등 경찰 참고인들은 "제주도에는 보도연맹이 조직되지 않았으며 사건 발생 당시에도 들어보지 못했다"라고 진실위에서 증언했다. 유족 조사에서도 본 사건 희생자들이 보도연맹원이라는 진술이 전혀 나오지 않았다. 따라서 지금ㅆ시 동상 제주 지역 예비 검속자들을 보도연맹원이었다고 판단한 것은 전쟁 직후 육지에서 경찰이 과거 좌익 경력이 있는 보도연맹원을 구금이나 처형했던 사실을 유추해서 제주에서도 그랬을 것이라고 생각했던 것으로 진실위는 판단했다.

진실위는 이외에도 모슬포 예비 검속자 명부에 나타나는 희생자 범죄 개요나 최근 동향 항목에 기재된 내용도 매우 자의적인 것으로 판단했다. 예를 들면 '만일의 경우에는 폭동을 야기할 우려 농후함', '특이한 동향 무無하나 만일의 경우를 우려함', '반성한 듯하나 반관反官적 태도가 보임', '반성적 태도가 보이나 만일을 우려함', '협력하는 태도이나 주거 지역으로 보아 만일의 염려', '개전지정이 유有하나 만일이 염려됨', '평소 태도 애매하며 만일의 경우에는 우려됨', '제반사에 협력하는 듯하나 동향 극히 애매함' 등으로 기록되어 있다. 심지어 '확고한 사상을 표현치 않고 중간적 태도를 취함', '확실한 범증은 무하나 시국하 군관민의 이간책을 상습으로 하는 자' 등의 내용도 기재되어 있다.

이러한 기록을 통해 예비 검속자들이 직접 행동은 하지 않았더라도 의심스러운 생각을 갖고 있었다는 것 자체만으로도 학살되었다고 진실위는 판단했다.

"덜 죽은 사람들이 소리 지르고"

한편 1950년 7월 20일 학살에 참여했던 해병대 모슬포부대 이 아무개는 당시 상황을 진실위에서 이렇게 진술했다.

"1950년 7월 중순경, 소대 분대원 모두를 연병장에 집합시키더니, 분대원 약 20여 명을 차출해서 트럭에 태워 이동시켰다. 도착한 곳은 일본 해군 방공호가 있고, 격납고가 여러 곳에 있는 비행장 같은 곳이었다. 현장에 중대장, 소대장이 도착해 있었다. 트럭에서 내리자, 분대장이 총알을 하나씩 나눠줬다. 총알을 다 나눠준 후, 중대장이 '지금 이곳으로 폭도를 데리고 오는데, 이 폭도들은 빨갱이 앞잡이들이니 한 사람이 한 명씩 사살하라'는 내용의 연설을 했다. 잠시 후 트럭 한 대가 들어오더니, 트럭에서 민간인 약 20여 명을 내려 우리 옆에 한 사람씩 세워 놓았다. 민간인을 한 사람씩 데리고, 약 10~20m 정도를 걸어 올라가 호 가장자리에 한 명씩 세워 놓고 총살해 시신이 호 안으로 떨어지게 했다. 한 명씩 총살을 집행했는데, 덜 죽은 사람들의 꽥꽥 소리가 나고 그렇게 민간인에 대한 양민 학살이 있었다. 총살 집행이 끝난 후 돌아오는 길에 다른 트럭이 그 현장으로 다시 들어가는 것을 목격했다. 민간인을 계속 실어 오는 것 같았다."

1950년 7월 16일~20일 1차 예비 검속자 총살에 참여했던 모슬포부대 분대원 이 아무개는 난폭하고 잔인하며 혼돈스러웠던 당시 현장에 대해 증언했다.

"총살 후 자연적으로 시신이 호 안으로 떨어지게 민간인을 호 근처로 세워 놓았는데, 호 안에서 사람 신음소리가 들리는 겁니다. 안을 들여다보니, 시체가 쌓여 있는데, 이미 몇 번의 총살이 있었던 것 같았습니다. 저한테 배당된 민간인은 30~40대 여자였습니다. 총살 준비를 마치고 총을 겨눴는데, 순간 제 뒤에 서 있던 중대장이 저를 불러 세웠습니다. 지금 생각에는, 제 총부리가 정확히 겨눠지지 않았던 것 같습니다. 중대장이 "어이! 너 이쪽으로 나와!"라는 명령에 저는 뒤로 물러섰습니다. 당시 중대장은 일본 닛폰도日本刀를 차고 다녔는데, 갑자기 닛폰도를 꺼내 그 여자를 뒤에서 탁! 찔렀는데, 여자가 한참을 서 있더니 쓰러졌습니다. 그러는 사이에 저쪽에서 또 내 뒤의 군인이 또 사람을 데리고 와서 쏘고 꽥꽥 소리가 나고, 아직 덜 죽은 상태였던 것입니다. 이렇게 민간인에 대한 양민 학살이 있었습니다. 내가 산 증인입니다."

법을 어기며 민간인을 학살한 이승만

이 사건의 발단이 된 경찰의 예비 검속은 일제강점기

에 실시되다가 해방 후 폐지되어 정부에서 공식적으로 시행하지 않았던 제도였다. 그러나 1950년 6·25가 발발하자 제주 지역 경찰은 내무부 치안국의 지시에 따라 어떤 법령이나 규정에도 근거하지 않은 채 예비 검속을 불법적으로 실시했다. 이승만 정권은 6·25 발발 후 민간인 처벌의 법적 근거가 되는 '비상 사태하의 범죄 처단에 관한 특별 조치령'을 6월 25일 발표하고 이어 7월 8일에는 계엄령을 선포했다. 하지만 제주 지역 예비 검속 당시에는 어떠한 법령도 적용하지 않았다.

2007년 진실위는 이 사건에 대해 이렇게 진실 규명 결정을 내렸다.

"제주 주둔 해병대 사령부는 한국전쟁 발발 이후 정부의 공식적인 계엄령 선포 이전에 불법적으로 계엄령을 선포, 제주 지구 계엄 사령부를 설치하고 행정과 치안을 관할했다. 제주 지구 계엄 사령부는 법적인 근거가 전혀 없는 계엄령에 근거, 예비 검속 업무를 직접 관장하는 한편, 민간인을 체포 구속해 군법회의 재판에 회부했다. 계엄사령부의 이러한 조치는 불법적인 것이었으며, 당시 계엄법의 관련 조항 및 규정도 위반한 것이었다. 또 계엄 사령부는 계엄령에 따른 처리 기준이나 군법회의 절차도 거치지 않고 예비 검속자들을 집단 총살했다."

19. 1950년 6월
이승만 정권의 조직적 학살
'사형당했는데 무죄'
마산·창원·진해 국민보도연맹 사건

한국전쟁이 발발하기 직전인 1950년 6월 15일을 기점으로 그해 8월 초까지 우리나라 헌병과 경찰은 자국민인 마산 지역 보도연맹원 500여 명을 영장 없이 불법 체포한 후 집단 학살한다. 이것이 바로 마산·창원·진해 국민보도연맹 사건이다.

왜? 어떻게? 이승만 정권은 자국민을 그렇게 불법적으로 무차별 학살한 것일까? 그리고 이승만이 그렇게 대량으로 학살한 국민보도연맹원이란 무엇일까?

국민보도연맹은 "(좌익) 전향자를 계몽·지도해 명실상부한 대한민국 국민으로써 받아들인다"는 목적을 표방해 1949년 4월 20일 이승만 정권에 의해 결성되었다. 국민보도연맹 중앙본부 간부진을 보면 당시 내무부 장관이 총재를 맡았고 법무부차관, 내무부차관, 대검찰청 차장이 부총재를 맡았다. 따라서 국민보도연맹은 아주 명백하게 이승만 정권 주도하에 만들어진 관변 단체였다. 1949년 9월 20일부터 보도연맹은 지방 지부 조직에 착수해 도내 각 경찰서 단위로 하부 조직을 편성했다.

1949년 12월 7일 마산시 부림극장에서는 마산보도연맹 '결성 선포 대회'가 열렸다. 이 대회에서 검찰지청장이 위원장을, 경찰서장이 이사장을 맡았고, 위원은 시장·군수·형무소장·경찰서 사찰계장이, 상임지도위원은 차석 검사·간사장이 맡았다.

억지로 만들어진 보도연맹원

그러나 이승만 정권이 의도했던 만큼 보도연맹의 조직 확대가 쉽지는 않았다. 그러자 이승만 정권은 전국 읍면동 등 일선 행정 기관에 보도연맹원의 인원수를 늘리라고 강제로 할당했다. 그래서 각 경찰과 행정 기관은 할당된 인원을 채우기 위해 지역 주민을 상대로 비료와 밀가루 등 배급을 미끼로 가입을 유도했다. 또 어떤 경우에는 '보도연맹에 가입하지 않으면 빨갱이로 몰린다'며 주민을 협박하기도 했다. 이로 인해 좌익 활동과는 전혀 무관한 주민들이 강제로 보도연맹에 가입되는 어이없는 일이 일어났다.

이와 같은 보도연맹 가입 과정은 국회에서도 문제가 되었다. 1950년 2월 11일 제11차 국회 본회의에서 민주국민당 민경식 의원은 장경근 내무부 차관을 상대로 "보도연맹에 가입하지 않으면 신분을 보장하지 않는다는 협박까지 일삼아 좌·우익이 무엇인지도 모르는 사람들까지 강제로 가입되고 있다"고 질의해 보도연맹 가입 과정에 무리가 있었음을 지적했다.

마산시내 보도연맹원 및 예비 검속 대상자들은 1950년 7월 15일 마산시민극장에 소집되어 마산형무소에 구금 중 학살되었다. 이날 마산시민극장으로 일제히 소집된 예비 검속 대상자들의 상황은 마산 기업인 (주)몽고식품이 2008년에 창업 100주년을 맞아 발간한 기념

1949년에 발급된 국민보도연맹원증 ⓒ행정안전부

집 『몽고식품 100년의 발자취』에 상세히 묘사되어 있다. 이 책에 따르면, 아는 사람에게 우연히 도장을 찍어주었다가 보도연맹에 가입하게 된 김홍구라는 이의 얘기가 나온다. 그는 1950년 7월 15일 자신의 집으로 찾아온 경찰의 "시민극장에서 시국 강연회가 있는데 참석한 보도연맹원은 탈퇴한 걸로 간주하고 선처할 방침"이라는 말을 듣고 따라나섰다. 그리고 마산경찰서를 거쳐 마산시민극장으로 이송되었는데 경찰은 예비 소집 대상자들에게 소집·연행 단계에서 거짓말을 했다. 김홍구가 시민극장에 도착해 보니 많은 사람들이 운집해 있었는데 그들은 대부분 인근에서 온 농민들이었다. 그는 현장에서 지인의 도움으로 탈출해 학살을 면했다. 그러나 경찰의 말만 믿고 순진하게 극장에 집결한 보도연맹원들은 모두 학살되었다.

"마산 앞바다에 수장시켰다"

당시 30세였던 김영상은 2008년 진실위에서 1950년의 마산형무소 상황을 다음과 같이 진술했다.

"한국전쟁 발발 후 진전 지서로 진전면 보도연맹원이 소집되었는데 약 70여 명이었고 우리 마을 곡안리는 15명이었다. 소집된 사람들은 경찰의 인솔로 트럭에 실려 마산형무소에 구금되었다. 마산형무소에 도착해 약 5~6일 정도 마당에 구금되었는데 마당은 붙잡혀 온 사람들로 가득했다. 구금 중 사복을 입은 사람들*이 고백서를 작성하라고 했다. 나중에 풀려나와서 생각해보니 나처럼 백지를 낸 사람은 나오고 뭔가 활동 내용을 쓴 사람은 희생된 것으로 보인다. 형무소 마당에서 5~6일 정도 지낸 후 감방으로 입감되었다. 입감 약 10여 일 후 곡안리 15명

---

* 경찰인지 육군 특무대인 방첩대인지 알지 못함.

중 10명이 한꺼번에 불려 나갔는데 그 뒤 소식이 없다. 그날이 8월 23일이었다고 한다. 마산형무소에 구금 중 나는 재판을 받지 않았으며 불려 나간 사람들이 죽었다는 것은 풀려 난 뒤에 알았다."

같은 마산형무소에서 계호과에 근무했던 김영현은 2009년 진실위에서 이렇게 진술했다.

"한국전쟁 발발 후 헌병이 마산 보도연맹원을 마산시민극장에 집합시켜 놓은 후 차를 이용해 마산형무소로 이동시켰다. 마산형무소에서 방첩대CIC가 보도연맹원을 A, B, C로 분류해 A는 감방에 수용하고 B, C는 운동장에 수용했다. 감방에 있던 A가 밤에 없어지면 B가 입감되었는데 B도 밤에 없어졌다."

김영현과 함께 마산형무소 계호과에 근무했던 황재익의 2008년 진실위 증언은 보도연맹원들을 바다에 수장시켰음을 알려 준다.

"한국전쟁 발발 후인 1950년 7월 마산형무소의 일반 잡범들은 석방하고 창원군 진전·진북·진동면과 마산시 내의 보도연맹원들이 마산교도소에 수감되었다. CICCounter Intelligence Corps가

보도연맹원을 조사한 후 여러 차례 트럭에 싣고 나갔는데 마산 앞바다에 수장시키고 진전면에서도 사살했다는 소문이 났다."

그리고 당시 20세였던 윤봉근은 마산시 창포동 해안 가에서 보도연맹원들이 전차양륙함LST에 실려 나가는 것을 목격했다.

"나는 당시 철도병원에 근무하고 있었는데 한국전쟁 발발 후 한 달 정도 지나서 아침 출근길에 만난 친구에게 '오늘 시민극장에 모여 띠 매고 군대에 간다'라는 이야기를 들었다. 그 뒤 약 20여 일이 지난 후 어느 날 점심 무렵 트럭 열 몇 대 정도가 사람들을 가득 싣고 창포동 해안가로 오는 것을 보았다. 트럭에서 짚으로 만든 벙거지를 쓴 사람들이 내렸는데 모두 손이 뒤로 묶였고 앞뒤 사람의 허리에도 로프가 묶여 있었다. 이때 LST 두 척이 왔는데 트럭에서 내린 사람들이 옮겨 탔다. 나중에 들으니 그들은 괭이바다에서 총살된 후 수장되었다고 한다."

그 후 얼마 지나지 않아 괭이바다에서 학살된 이들의 시신이 해안가로 밀려온 것을 발견한 동네 주민들이 마을 인근에 시신을 가매장했다.

진전면 보도연맹원 등 예비 검속 대상자들은 1950년 7월 15일, 진전 지서의 소집 통보를 받거나 경찰관에게 직접 연행되거나 면사무소의 소집 통보를 받아 스스로 집결했다. "이렇게 모인 예비 검속 대상자들은 진전 지서를 거쳐 마산형무소에 구금 중 학살되었다"고 2008년 희생자 유족들은 진실위에서 진술했다.

밤마다 몇 사람씩 호출하여 학살

학살 희생자 심을섭과 같은 마을 주민으로 당시 13세였던 조용이는 2009년 진실위에서 심을섭과 생환자 문또출의 이야기를 전했다.

"1950년 음력 6월 어느 날 아침, 진전 지서 경찰관 1명이 마을로 와서 논일을 하고 있던 심을섭 등 마을 사람 4~5명을 데리고 진전 지서로 갔다. 그 뒤 그 사람들을 마산형무소에 감금 중 마산 괭이바다 물속에 빠뜨렸다고 하는데 그중 문또출이 암초에 걸려 포박을 풀고 살아 돌아왔고 나머지는 모두 희생되었다. 문또출한테 (자신이) 경찰서에 구금되어 있을 때 밤마다 몇 사람씩 호출되어 밖으로 나갔으며 그 이후 소식이 전혀 없었고, 자신은 호출되지 않아서 살아 돌아왔다고 전해 들었다."

1950년 7월 24일 진북면 보도연맹원 등 예비 검속 대상자들은 진북 지서로 소집되어 마산형무소에 구금 중 학살되었다. 경찰관 또는 사복을 입은 사람들이 이들에게 수갑을 채운 채 끌고 가거나 이들이 소집 통보를 받고 스스로 진북 지서로 갔다.

진북면 추곡리 희생자들의 유족 중 한 명인 당시 26세였던 오재일, 그리고 당시 2세였지만 이후 집안 어른들에게 이야기를 들은 임차임 등은 추곡리 내추마을에 사는 오 씨들이 1950년 7월 24일 진북 지서의 소집 명령을 받고 출두한 후 학살당했다는 이야기를 2008년 진실위에서 진술했다.

"(이들은) 소집될 때 경찰은 '소집에 응하는 사람은 모든 의혹에서 풀려 제약에서 벗어난다'라는 이야기를 듣고 자진 출두했다. 그러나 이들은 (경찰의 약속과는 다르게) 마산형무소에 구금된 후 마산 앞바다에 수장되었다."

1950년 7월 15일 진동면 보도연맹원 등 예비 검속 대상자들은 진동 지서 경찰관에게 연행되어 진동 지서를 거쳐 마산형무소에 구금 중 학살되었다. 예비 검속 대상자들은 진동 지서 순경에 의해 연행된 뒤, 진동 지서 옆 공회당 창고에 구금되었다가 다시 마산형무소로 이송되었다. 희생자 임지훈의 동생 임상열은 당시 16

세였는데, 2008년 진실위에서 이렇게 진술했다.

"면사무소 직원이던 형 임지훈이 한국전쟁 발발 후 모심기를 할 때쯤 진동 지서로 소집되어 마산형무소에 구금 중 희생되었는데, 같은 마을 전천수가 마산형무소에서 풀려나와서 알게 되었다."

학살 희생자 이효임의 조카로 당시 21세였던 안승일은 2009년 진실위에서 다음과 같이 진술했다.

"한국전쟁이 발발하고 경찰이 보도연맹원을 상남 지서로 오라고 호출해 지서로 갔다. 경찰이 집으로 보내주지 않고 상남면 면사무소 창고에 감금시켰는데, 새벽에 CIC 사람들이 이들을 트럭에 태워 가려고 하자, 지서 주임이 그중에도 갈 사람이 있고 가지 않을 사람이 있다고 해 호명을 한 사람은 차에서 내리고, 호명하지 않은 사람은 그대로 트럭을 타고 갔고, 진해 가는 중간 산골짜기에서 총살당했다."

학살 희생자 안용택의 부인이며 당시 25세였던 김수가는 2008년 진실위에서 남편을 다시 만나게 된 비극적인 이야기를 들려줬다.

"남편이 1950년 8월 15일 상남 지서로 소집되어

구금 중 8월 17일 트럭에 실려 아리송골로 끌려가서 희생되었다. 남편과 함께 트럭에 실려 가던 사람이 자신이 가는 방향에 대해 길거리 사람들에게 소리를 쳐서 희생 장소를 알게 되었고 시신을 수습했다."

한편, 봉림리 주민 김훈배는 1950년 8월 1일 헌병에게 연행된 후 고문으로 희생되었다.

줄을 당기자 시신이 줄줄이 엮여서 나왔다

1950년 7월 하순 웅남면 보도연맹원 등 예비 검속 대상자들은 웅남 지서로 소집되거나 연행된 후 상남면 남산리 성주사 골짜기에서 학살되었다. 희생자 허원의 부인으로 당시 19세였던 문원수는 2008년 진실위에서 자신이 본 끔찍한 상황을 설명했다.

"남편이 1950년 7월 30일 구장의 연락을 받고 웅남 지서를 거쳐 상남 지서로 이송되었는데 이송되는 것을 내가 보았고 면회를 했다. 면회 다음 날인 1950년 8월 6일 성주사 골짜기로 끌려가서 희생되었다. 먼저 시신을 수습한 사람들의 소문을 듣고 그곳에 가보니 큰 구덩이가 두 개 있었는데 줄을 당기자 시신이 줄줄이 엮여서 나왔다."

총살되기 전의 보도연맹원들 ©진실위 자료

희생자 임재규의 아들 임호섭은 2008년 진실위에서 아버지의 마지막 모습에 대해 술회했다.

> "순경이 어느날 집으로 와서 웅남 지서로 가자고
> 했고, 모친은 가지 말라고 말렸으나 지은 죄가
> 없으니 웅남 지서에 가서 말을 하고 오겠다고 한
> 뒤에 행방불명이 되었다."

한편, 희생자 손갑수는 웅남 지서에 구금 중 고문을 못 이겨 도망쳤으나 1950년 9월 23일 성주 지서 경찰관에게 붙잡혀 학살되었다.

지금까지 살펴본 마산·창원·진해 국민보도연맹 사건 학살 희생자들의 소집·연행·학살 과정을 정리하면 이렇나.

마산시 내 거주자와 창원군 진전·진북·진동면 거주자 중 일부는 1950년 7월 15일 마산시민극장으로 소집·연행되어 마산형무소에 구금 후 마산 앞바다에서 학살되었다.

창원군 각 면 거주자들은 관내 지서로 소집되거나 연행되었는데 상남면 희생자들은 창원군 웅남면 아리송골에서, 대산면 희생자들은 김해시 진영읍 창고에 구금 후 김해시 생림면 나밭고개에서 학살되었다.

한편 진해경찰서로 소집·연행된 희생자들은 진해시 여자동 가마니골과 내서면 진동고개에서 학살되었고 나머지 주민들은 진해 앞바다 등지에서 학살된 것으로 진실위는 추정했다.

진실이 밝혀지기까지 무려 70년

1960년에 4·19혁명 후 경남도지사실에서 열린 국회 양민 학살 특위 위원장의 "(학살 희생자들이) 보련(보도연맹원)인가?"라는 질문에 마산 피학살 유족회 간부 김용국은 이렇게 답변했다.

"보련도 있고 아닌 사람도 있습니다. 그 당시 민보단*이니 경찰 이런 사람들이 자기들이 과거부터

---

* 1948년 5·10 총선거 때 조직되어 1950년 봄까지 경찰의 하부·지원 조직으로 활동한 단체.

좋지 않게 평가한 사람들은 모조리 다 불려 나간(학살한) 것입니다."

　2009년 진실위는 보도연맹원들이 영장 없이 불법으로 체포·감금된 후 희생됐다고 진실을 규명했다. 또한 진실위는 당시 이 사건의 가해 주체를 마산 지구 CIC와 마산육군헌병대 소속 군인 그리고 마산·진해경찰서 소속 경찰로 확인했다. 아울러 보도연맹원과 예비 검속 대상자들을 소집·연행해 학살하게 된 데에는 마산·진해경찰서 소속 경찰관과 이들의 지휘를 받은 지역 단위의 민보단, 우익청년단체원, 구장 등이 역할을 한 것으로 보인다고 진실 규명했다.

　더불어 진실위는 이 사건이 "한국전쟁기에 발생했다고 하더라도 국민의 생명을 빼앗거나 인신을 구속하는 처벌을 할 경우 합당한 이유를 가지고 적법한 절차에 따라 해야 한다. 그러나 이 사건의 가해자인 마산 지구 CIC, 마산육군헌병대, 마산·진해경찰서 경찰은 정당한 재판 절차를 거치지 않고 예비 검속 한 사람들을 불법 살해했다. 이는 인도주의에 반한 것이며 헌법에서 보장한 국민의 기본권인 생명권을 침해하고 적법 절차 원칙과 재판받을 권리를 침해한 불법 행위이다"라고 규정했다.

　이러한 진실위의 진실 규명을 근거로 2013년 유족들은 창원지법 마산지원에 이 사건에 대한 재심을 청구했다. 그리고 2020년 2월 14일 창원지법 마산지원은 재심에서 학살 희생자들에 대한 무죄를 선고했다. 한국전쟁 당시 좌익으로 몰려 영장 없이 불법으로 체포·감금당한 뒤, 군사재판에서 사형당한 민간인들이 70년 만에 드디어 무죄 판결을 받은 것이다.

이날 무죄 판결 직후 김경수 당시 경남도지사는 "마산·창원·진해 국민보도연맹 사건의 민간인 희생자에 대해 재심 무죄 판결을 환영한다. 진실이 밝혀지기까지 70년이 걸렸다. 국가 폭력으로 발생한 고통이 이번 무죄 판결을 계기로 조금이나마 치유되길 기원한다"고 밝혔다. 그러나 억울하게 죽은 자들은 지금도 아무 말이 없다.

20. 1950년 6월
청주형무소 학살 사건과
약산 김원봉 동생들의 비운의 운명

해방 후 청주형무소는 충청북도 청주시 탑동에 위치했으며 직원이 140명이었고 재소자 수용 가능 인원은 500여 명이었다. 하지만 1948년 정부 수립을 전후로 청주형무소는 수용 인원을 초과했다. 청주형무소의 수용 인원은 계속 증가해 1950년 한국전쟁 발발 당시 약 1,600명으로 3배 이상 증가했다. 결국 이들을 모두 감방에 수용할 수 없어 공장 하나를 비워 임시 감방을 만들고 그곳에도 재소자들을 수용했다.

40도가 넘는 형무소, 시루에 떡을 찌듯 더웠다

당시 청주형무소 형무관으로 근무했던 홍 아무개는 지난 2009년 진실위에서 한국전쟁기 청주형무소의 열악한 상황에 대해 진술했다.

"수용 인원이 워낙 많다 보니 재소자들은 미결사, 기결사 가릴 것 없이 꽉 조여 앉기도 힘든 좁은 공간에서 잠을 자야 했다. 다리를 뻗고 잔다는 건 상상도 못했다. 교대로 잠을 자거나 심지어는 감방 안에 줄을 맨 후 양쪽에 다리를 들어 그 줄에 오금쟁이(무릎 뒤쪽)만 걸친 채 서로 엉덩이를 맞대고 자기도 했다. 감방 안에 하지가 지난 여름철이라 원래 무더운 때이기도 했거니와 그 많은 사람들의 체온에서 뿜어 나온 열기로 달구어져 섭씨

35도에서 40도를 웃돌기 일쑤였다. 그야말로
시루에 떡을 찌듯 더웠다.

한편 1950년 6월 25일 한국전쟁이 일어나자 이승만
정권의 내무부 치안국은 충북경찰국에 관변단체인
보도연맹원을 검거 후 처단하라고 명령했다. 그리고
충북경찰국은 청주경찰서 등 각 경찰서와 산하 각
지서로 이 지시를 내렸다.

그 결과 경찰은 청주와 청원 지역의 보도연맹원을
피난시킨다며 보도연맹원들에게 양식, 용돈과 옷을
챙겨서 청주경찰서에 집합하라고 지시했다. 이승만의
처단 지시를 몰랐던 보도연맹원들은 평소에도
경찰서에서 소집이 있어서 아무 의심 없이
청주경찰서로 모여들었다. 그리고 이렇게 모인
보도연맹원 400여 명이 1950년 7월 5일
청주경찰서를 거쳐 청주형무소에 수감되었다.
이어서 군이 중심이 되어 청주형무소 재소자와
형무소에 일시 수감된 보도연맹원에 대한 이승만
정권의 총살 명령이 내려졌고, 총살 집행에 대한
지휘는 충북 지구 방첩대 CIC가 담당했다.
1950년 6월 28일부터 청주형무소에서는 면회는
물론 차입도 금지되었다. 더구나 형기를 다 마친
만기 출소자들도 석방시키지 않았다. 그러자 재소자
가족들이 형무소 앞으로 몰려와 왜 형기를 마친 만기
출소자들도 석방하지 않느냐고 항의를 하며 아우성을

쳤다. 이에 청주형무소에서는 1950년 7월 1일부터 아예 형무소 앞의 통행조차 금지시켜 버렸다."

충북 지구 CIC와 경찰은 1950년 6월 30일 밤 자정경 청주형무소에 수감되어 있던 여순사건* 관련 재소자 36명을 충청북도 청원군 남일면 화당리 화당다리에서 학살했다. 당시 총살을 목격했던 화당리 주민 이 아무개는 "경찰이 트럭 두 대로 재소자 40여 명을 싣고 와서, 개울 밑에 쭉 세워 놓고 총을 쐈다. 그런데 동네와 너무 가까우니까, 한 번 오고 다음에는 분터골 등 다른 곳으로 데리고 가서 죽였다"고 2009년 진실위에서 증언했다.

"계급장도 없는 군복 입은 사람들이 학살 자행"

1950년 7월 2일부터 본격적으로 청주형무소 재소자들에 대한 이승만 정권의 학살이 전개되었다. 먼저, 충북 지구 CIC의 지휘하에 헌병대가 포승줄을 가득 싣고 와서, 남아 있던 여순사건 관련 재소자 24명과 잔여 형기가 긴 재소자들의 인도를 요구했다. 이에 청주형무소 형무관들이 일반 사범과 정치·사상범을 분류했다. 그리고 형무관들은 정치·사상범들을 포승줄로 묶고 이들

---

* '21 지옥과 같았던 그날, 여수·순천사건 진실위에 기록된 한 맺힌 증언들' 참조.

1951년 4월 대구형무소 인근에서 벌어진 총살 ⓒ미국국립문서보관소

을 학살지인 청원군 고은리 분터골 등으로 호송했다.

이어서 충북 지구 CIC 지휘하에 헌병대와 기동대를 중심으로 한 충북도 경찰국과 청주경찰서 경찰 등은 청주형무소의 전체 재소자 중 절반 이상인 800명 이상의 정치·사상범들을 1950년 7월 2일부터 7월 5일까지 4일 동안 청원군 남일면 쌍수리, 남일면 고은리 분터골, 낭성면 도장골, 그리고 가덕면 공원묘지 등으로 강제로 끌고 가 학살했다.

그리고 1950년 7월 6일과 7월 7일에는 CIC 지휘하에 청주경찰서 경찰 등은 청주형무소에 수감되어 있던 400여 명의 보도연맹원들을 청원군 남일면 고은리 분터골에서 학살했다. 당시 분터골에서 총살 집행을 목격한 임 아무개는 2009년 진실위에서 그때 장면을 이렇게 회고했다.

"재소자를 죽일 때는 하루 트럭 2~3대씩 이틀 실려 왔다. 그리고 그 다음날부터는 사복 입은 보도연맹이 트럭이 5대씩 3일 동안 계속 실려 왔다. 청주경찰서 경찰, 간수, 계급장도 없는 군복 입은 사람도 왔어. 하여튼 이 고개 너머하고 해서 천여 명은 죽었다."

그럼 그때 그곳에서 이승만 정권에 의해 학살당한 천여 명의 사람들은 어떤 이들이었나? 이들은 왜 '국민의 생명과 재산을 보호해 주어야 할' 자국의 경찰과 계급장도 없는 군복 입은 사람들의 총탄에 의해 소중한 생명을 잃을 수밖에 없었나? 자기가 왜 죽어야 하는지 그 이유도 모르고 학살당한 천여 명 희생자들 중 극히 일부의 면모를 살펴보자.

김순도는 1949년 거주지인 충북 괴산군 사리면 방축리에서 연행되었다. 그리고 1949년 12월 20일 청주지방법원에서 국가보안법 위반으로 징역 2년 형을 언도받고 청주형무소에 수감되었다. 그의 처 백인순은 임신 중에 면회를 다녀오던 길에 차에서 사산했다. 그리고 김순도 본인은 한국전쟁 발발 후 학살되었다.

신상인은 1949년 거주지인 충북 괴산군 증평읍 덕상리 정복골에서 연행되어 증평 지서에 구금되었다. 그는 1949년 6월 7일 청주지방법원에서 국가보안법과 포고령 위반으로 징역 2년을 언도받고 청주형무소에 수감되었다. 처 김광식은 아들을 데리고 면회를 다녔다. 그 후 그는 한국전쟁 발발 후 학살되었다.

장팽석은 청원군의 북이국민학교 교사로 근무 중 1949년 북이국민학교에서 경찰에 체포되었다. 1949년 10월 25일 청주지방법원에서 국가보안법 위반으로 징역 2년을 언도받고 청주형무소에 수감되어서 가족들이 면회를 다녔다. 그는 한국전쟁 발발 후 총살당했다.

윤천득은 한국전쟁 전 충청북도 청원군 북이면 영하리 집에서 경찰에 체포되었다. 당시 그의 이복동생 남편 박한교가 좌익 활동을 했는데, 경찰은 박한교의 행방을 알기 위해 체포한 것이다. 그는 청주형무소에 수감되었고 부인이 면회를 다녔다. 그리고 한국전쟁 발발 후 총살당했다.

김구와 김원봉계의 씨를 말려 버린 이승만

홍가륵은 1948년경 목사이던 부친의 진천교회에서 경찰에 체포되었다. 그는 일제강점기에 배재학교를 졸업하고, 이후 독립운동가 김구를 보좌하면서 조선혁명간부학교를 2기로 졸업했다. 해방 후 청주에서 교사로 근무하던 중 이승만 정권에서 김구 관련 조직을 와해시키려고 관련 사람들을 검거하려고 하자, 부친이 목사로 있는 진천교회에 피신했다가 체포되었다. 1949년 4월 14일 청주지방법원에서 소요, 상해치사, 상해로 징역 4년을 언도받고 청주형무소에 수감되었다. 그의 부친

홍가륵 ⓒ박만순

과 부인이 면회를 다녔다. 그리고 한국전쟁 발발 후 청원군 낭성면에서 총살되었다는 소식을 당시 총살 현장에서 구사일생으로 살아남은 사람이 홍가륵의 부인에게 전해 주었다.

참고로 약 4천여 명으로 추정되는 해방 후 김구를 지지했던 군인들도 한국전쟁 초기 이승만 정권 아래서 전부 학살당했다. 전쟁 직전 국군의 수가 9만8천 명이었던 것을 감안하면 국군에 의해 학살당한 군인들의 숫자는 결코 적지 않았다. 당시 3사단 예하 대대장으로 참전했던 정승화의 저서 『대한민국 군인 정승화』에는 한국전쟁 초기 용감하고 실력 있는 군인들이 국군에게 학살당해 안타까워하는 내용이 나온다. 이것은 한국전쟁 초기 국군이 왜 그렇게 쉽게 인민군에게 붕괴되었는지 설명해 주는 중요한 이유 중의 하나라고 볼 수 있다.

그 외에도 1950년 7월 초순, 일제강점기에 항일 의열단을 이끈 약산 김원봉의 네 동생인 김구봉, 김용봉, 김봉기, 김덕봉은 경남 밀양의 자택으로 갑자기 들이닥친 군경한테 끌려갔다. 그리고 끌려간 약산의 네 동생은 아무 영문도 모른 채 밀양 지역에서 예비 검속으로 체포된 국민보도연맹원 300여 명과 함께 학살당했다. 이렇듯 이승만은 한국전쟁을 통해서 자신의 정적이었던 김구 계열과 김원봉 일가의 씨를 아예 멸균실 수준으로 철저히 없애 버렸다.

청주형무소 수감 또한 정치적 반대 세력이라는 낌새가 조금만 보여도 이뤄졌고, 학살도 마찬가지였다. 석기준은 1949년 철도기관사로 일하던 중 경찰에 체포되었다. 당시 경찰은 그가 운전했던 열차와 열차 밖에서 공산주의 선전 유인물이 발견되었다는 이유로 체포했다. 결국 1949년 10월 11일 청주지방법원에서 국가보안법 위반으로 징역 2년 형을 언도받고 청주형무소에 수감되었다. 그리고 한국전쟁 발발 후 가덕면 공원묘지 부근에서 학살되었다.

송인호는 1950년 충청북도 영동군 영동읍에서 경찰에 체포되었다. 그는 1950년 5월 18일 청주지방법원에서 국가보안법 위반으로 징역 5년을 언도받고 청주형무소에 수감되었고, 그의 처가 면회를 다녔다. 그리고 한국전쟁 발발 후 국군이 후퇴하는 과정에서 국군에 의해 총살당했다.

신창섭은 한국전쟁 전 충청북도 괴산군 감물면에서 경찰에 체포되었다. 당시 그의 마을에 좌익 활동을 했던 채방배가 신창섭 등 10여 명의 도장을 빌려서 임의로 좌익 관련 단체에 가입시켰고, 이로 인해 신창섭 등 10여 명이 경찰에 체포되었다. 신창섭은 청주형무소에 수감되었고 모친이 면회를 다녔다. 그는 한국전쟁 발발 후 국군이 후퇴하는 과정에서 국군에 의해 총살당했다

김교성은 한국전쟁 전 경기도 안성의 친척집에서 경찰에 체포되었다. 그는 청주사범학교 출신으로 거주지인 충청북도 진천군 덕산면 옥동국민학교 교사로 발령을 받고 부임을 준비하다가, 체포 당시 청주사범학교 재학 중 학생 운동을 한 혐의로 경찰에 쫓기고 있었다. 그는 청주형무소에 수감되어 미결수로서 재판을 기다리고 있었고 부친이 면회를 다녔다. 그가 재판을 기다리던 중 한국전쟁이 발발했고 그 후 국군이 후퇴하는 과정에서 국군에 의해 총살되었다.

이연호는 한국전쟁 발발 직후 충북 진천군 초평면 용정리 집에서 보도연맹원이라는 이유로 경찰에 연행되어 청주형무소에 수감되었다. 그 후 그가 국군에게 총살당했다고 당시 총살을 목격한 사람이 그의 가족에게 알려 주었다. 이 소식을 들은 그의 부친은 아들의 시신 수습을 위해 총살 현장에 갔으나 시신들의 훼손과 부패 등으로 찾을 수 없었다.

학살되고 70년 만에 건국훈장 추서

당시 청원군 남일면 고은리에서 총살 장면을 목격한 마을 주민 유 아무개, 임 아무개, 이 아무개는 군과 경찰이 처음 3일 동안은 오전 오후 두 차례 트럭 2~3대에 푸른색 수의를 입은 재소자들을 30명씩 싣고 와서 총살했고, 이후에는 수시로 트럭 5~6대에 민간인 복장의 보도연맹원을 싣고 와서 총살했고, 그다음에는 고개 너머 지경골에서 총살했다고 진실위에서 진술했다.

한편 충청북도 청원군 낭성면 호정리, 일명 도장골에서도 1950년 7월 3일에서 7월 5일 사이에 청주형무소 재소자 약 100여 명이 학살되었다. 당시 도장골에서 시신 매장 작업에 동원된 신 아무개는 "지서 경찰들이 젊은 사람들을 동원해서 도장골의 시신들을 매장하게 했다. 도장골에는 시신들이 쫙 깔렸었다. 죄수복을 입은 재소자들은 전부 두 사람이 한 팔씩 수갑에 채워졌었고, 재소자 중에는 도망가다 뒤에서 총을 맞고 죽은 것으로 추정되는 시신들도 있었다"고 진실위에서 회고했다.

분터골은 한국전쟁 초기 청주·청원 지역에서 가장 많은 민간인들이 학살된 장소였다. 진실위는 이곳에서 두 차례에 걸쳐 유해 발굴을 진행해 최소 336구의 유해를 발굴했다. 1차로 발굴된 유해는 형태가 무릎 꿇은 자세, 손이 엉덩뼈 뒤로 결박된 자세, 옆으로 구부린 자세

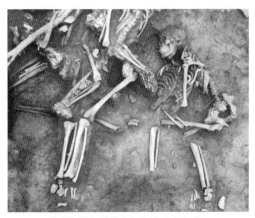
분터골 학살 희생자 유해 ⓒ진실위 자료

등 학살된 당시의 모습을 보여 주었다. 유품 중 M1 카빈, 45구경 권총의 탄피와 탄두는 학살 가해자가 군과 경찰이었음을 알려 주었다.

2002년 청주 지역의 학살 희생자 유족들은 '한국전쟁전후 민간인학살진상규명 충북대책위원회'를 창립했다. 그리고 청주·청원 지역의 민간인 희생 사건에 대한 현장 조사, 유족 증언 대회, 민간인 희생 사건 관련 학술 행사 개최, 특별법 제정 사업 등 학살 진상 규명에 대한 활발한 활동을 벌여 왔다. 또한 2006년 유족들은 진실위에 이 지역 민간인 학살에 대한 진실 규명을 신청했다. 그 후 4년 만인 2010년 진실위는 청주형무소 민간인 학살에 대해 이렇게 진실 규명 결정을 내렸다.

"청주형무소에서는 1950년 6월 30일부터 7월

5일까지 약 1,200명의 재소자와 보도연맹원이
살해된 것으로 추정된다. 이들은 충북 지구 CIC,
제16연대 헌병대, 청주 지역 경찰 등에 의해 법적
절차 없이 충북 청원군 남일면 분터골, 남일면
화당교, 남일면 쌍수리 야산, 낭성면 도장골, 가덕면
공원묘지 등에서 집단 살해되었다."

한편 2009년, 위의 학살 희생자들 중 홍가륵은 일제
강점기 의열단 활동을 인정받아 늦게나마 건국훈장 애
족장에 추서되었다. 하지만 학살로부터 70년이 흐른
지금까지도 유족들은 그의 유해조차 찾지 못하고 있다.

21. 1948년
지옥과 같았던 그날, 여수·순천사건
진실위에 기록된 한 맺힌 증언들

2008년 1월 24일은 울산 보도연맹 사건에 대해 노무현 대통령이 공식적으로 사과한 역사적인 날이다. 나는 이날 이른 아침 울산 보도연맹 사건 추모식에 참여하기 위해 버스에 몸을 실었다. 버스 안에는 진실위 직원 외에 여러 민간인 학살 유족회 회원들이 있었다. 그날 내 옆자리에 앉은 이가 바로 장경자였다.

장환봉의 딸 장경자는 2006년에 아버지가 1948년 여수·순천사건(여순사건)으로 무고하게 학살되었다며 진실위에 이 사건에 대한 진실 규명을 신청했다. 부친이 학살당했을 당시 그녀는 세 살짜리 어린아이였다. 여순사건은 전라남도 여수에 주둔하고 있던 국군 14연대가 제주 4·3사건 진압 명령을 거부하고 무장 봉기를 일으킨 사건이다. 이 무장 봉기를 일으킨 반군들에 대한 진압이 이뤄졌고, 이 사건으로 최소 수천 명의 희생자가 발생한 것으로 추정되며 많은 무고한 민간인이 학살되었다.

나는 내 옆자리에 앉은 장경자에게 내가 1980년대에 철도기관사 생활을 했다는 이야기를 했다. 그러자 그녀는 자신의 부친도 철도기관사였는데 1948년 여순사건 때 억울하게 학살당했다고 눈물을 쏟았다. 그리고 기막힌 자신의 인생 역정을 줄줄이 이야기하기 시작했다. 울산으로 가는 버스 안에서 우리들의 대화는 이렇게 시간이 지나는 줄도 모르게 끝없이 이어졌다.

우리들의 그 대화로부터 약 1년이 지난 2009년 3월

2일 여순사건은 진실위에서 진실 규명 결정을 받았다. 그리고 이 진실위 결정을 바탕으로 장경자는 국가를 상대로 재심을 신청했다.

마침내 2020년 1월 20일, 여순사건 당시 무장 봉기를 도왔다는 죄목으로 군사재판에서 처형된 장경자의 아버지 장환봉에 대한 재심 재판에서 무죄가 선고됐다. 그가 억울하게 학살된 지 72년 만에야 드디어 무죄가 나온 것이다.

그럼 1948년 여수, 순천에서는 도대체 무슨 일이 있었던 것일까?

"그들은 아버지를 사살한 후 불태웠다"

장경자 외 열아홉 명은 1948년 10월 22일부터 1950년 1월 2일까지 국군 3연대·12연대 외 진압군과 순천 경찰이 자신의 부친 외 민간인들을 무장 봉기를 일으킨 반군에 협력했다는 혐의로 연행해 매산여자고등학교 담벼락 길, 이수중학교 부근 공동묘지, 구랑실재 등지에서 구타해 학살한 후 시신을 소각했다고 주장했다. 그리고 진실위는 이 사건에 대해 3년간의 조사 끝에 아래와 같은 사실을 밝혀냈다.

1948년 11월 20일경 순천 경찰은 순천철도국 기관사 장환봉을 체포해 철도국 창고에 감금했다. 그리고 1948년 11월 30일경 군경이 장환봉 외 감금되어 있던

여순사건 당시 사진 ©진실위 자료

30~40명을 조곡동 죽도봉에서 사살 후 그들의 시신을
불에 태웠다. 장환봉 외에도 438명은 여순사건 직후인
1948년 10월 말부터 1950년 2월까지 순천 시내 일대
에서 국군 제2연대 그리고 순천 경찰서 경찰에 의해 불
법적으로 집단 사살되었다.

　국군 제2연대 부대원들은 순천 진압 작전부터 시작
하여 1949년 초까지 순천 시내 민간인을 연행하여 북
국민학교, 순천농림중학교에서 고문 조사한 후 학교 건
물 뒤편에서 집단 사살했다. 국군 제3연대 부대원들은
순천 진압 작전 이후 1949년 초까지 순천농림중학교
와 순천철도국에 주둔하면서 순천 거주 민간인을 불법
적으로 사살하거나, 연행해 고문 조사한 후, 북국민학
교, 순천역, 낙안면 등지에서 위법적으로 사살했다. 국
군 제4연대는 순천 진압 작전과 1949년 토벌 작전 과

정에서 순천시 남국민학교와 풍덕동 옛 펄프 공장 등지에 주둔하면서 순천 시내에서 마을을 수색하고 소개했다. 이 과정에서 4연대는 민간인들을 주둔지로 연행해 고문 조사한 뒤 사살했다.

국군 제12연대는 1948년 10월 하순, 1949년 1월 순천농림중학교, 풍덕동 옛 펄프 공장, 구례읍 등에 주둔하면서, 순천 시내 등지에서 마을을 수색하고 소개했다. 이 과정에서 제12연대는 주둔지와 북국민학교·황전 지서 등지로 민간인을 연행해 조사한 후, 인근 순천농림중학교 등지에서 사살했다. 또한 이들은 마을을 수색하고 소개한 후, 마을 인근에서 민간인을 사살했다. 특히 12연대 지휘관들은 소심한 부하에게 즉결 처분을 지시하거나, 난폭한 부하에게 대검으로 민간인의 목을 베라고 한 뒤 총에 걸고 다니게 하는 등 야만적 행위를 자행했다.

국군 제15연대는 순천 탈환 이후부터 1949년에 걸쳐 순천남초등학교, 풍덕동 옛 펄프 공장 등지에 주둔하면서, 순천 전 지역을 대상으로 마을을 수색하고 주민을 소개했다. 그 과정에서 가옥을 소각한 뒤, 민간인들을 연행해 불법적으로 집단 사살했다. 이들은 친인척들에게 반군 협조 혐의가 있는 민간인들을 척살하도록 교사하거나, 민간인을 살상해 전과를 허위 보고하는 등의 행위를 저질렀다.

한편, 순천경찰서 경찰은 1948년 10월 말부터 1949

년 말까지 사찰계를 중심으로 관내 반군 토벌 및 반군 협력자 색출 작업을 벌였다. 이들 또한 이 과정에서 민간인들을 본서나 읍면별 지서로 연행해 고문 조사한 뒤 불법적으로 사살했다.

모진 고문과 구타

당시 민간인들 중에는 반군에게 밥을 해 주었다는 이유로 경찰에게 사살된 희생자들도 있었다. 김태옥은 2008년 진실위에서 희생자의 연행 과정을 목격한 당시 상황을 증언했다.

> "여순사건 당시 두월리 무도마을에 산사람들이 내려와 밥을 해 달라 해 해코지할까 두려워 마을 사람들이 밥을 해 줬다. 1949년 2월 12일 쌍암 지서 경찰들은 반군에게 밥을 해 줬다는 이유로 마을 주민 4명을 쌍암 지서로 연행했다. 그리고 주민들에 대한 모진 고문과 구타가 이어졌다. 다음날 1949년 2월 13일 쌍암 지서 경찰들은 끌려간 4명을 지서에서 살해했다. 그래서 희생자 유족들은 인부들이 말을 끄는 수레에 시신들을 실어 수습해 왔다."

이 외에도 당시 승주읍 유흥리에선 딸을 겁탈하려던 경찰을 가로막던 어머니가 사살당하는 사건이 있었다.

그 사건의 희생자 유족 조현규의 말이다.

"1949년 8월 11일 마을의 남자들이 나무를 베러
산에 간 사이 쌍암 지서 순경들이 마을에 들어와
주민을 소집했다. 경찰이 집집마다 돌며 남아 있는
사람이 있는지 확인했다. 유흥리 463번지 조아무개의
집에 순경이 들어와 어머니 장순심을 집 밖으로
나가라고 위협했다. 딸의 위험을 직감한 장순심이
순경을 가로막았다. 그러자 순경이 모녀에게 총을
쏘았다. 장순심은 현장에서 즉사했고,
딸 조 아무개는 총알을 맞고 다리에 장애를 입었다."

당시 어머니를 순경의 총탄에 잃고 평생 장애인이 된
딸인 조 아무개 역시 훗날 진실위에서 그 잔인한 순간
에 대해 생생하게 회상했다.

"그때가 49년 음력으로 7월 여름 더울 때였어요.
제가 열여섯 살이었는데. 마을엔 노인들하고
여자들만 있었는데, 산판일(벌목)에 안 나간
남자들이 있는지 찾으러 왔다고 나중에 들었어요.
우리 집에는 어머니와 저만 있었는데 순경 한 명이
집에 들어왔어요. 마당에서 순경이 어머니만 나오라고
어머니를 밀어냈어요. 어머니가 저만 남겨두고는 못
나가겠다고 마당에서 버텼어요. 그러니까 그 순경이

어머니를 총으로 쐈어요. 그리고 제가 서 있었는데 저를 한 방 쐈어요. 저는 총을 맞고 쓰러졌어요. 오른쪽 허벅다리에 맞았는데 총알이 살을 뚫고 나갔어요. 병원에 가서 치료를 받고 나서 한참 질뚝질뚝 걸었어요. 음력 7월에 어머니가 죽었는데 음력으로 4월생인 막냇동생이 있었어요. 100일도 안 된 아기였는데 어머니가 죽고 나서 젖을 못 먹어 그해 음력 11월에 죽었어요. 저를 쏜 그 사람 얼굴을 기억 못해요. 검은색 경찰 옷을 입었는데. 제가 서 있다가 총에 맞고 쓰러졌는데. 어떻게 됐는지 정신도 없고 기억도 안 나요."

판교리의 경우, 참고인 강서봉은 학생들의 죽음에 대해 말했다.

"서면 판교리 거주 순천 매산중학교 학생 최승수(당시 19세), 최승모(당시 17세)가 1949년 10월 18일경 글을 잘 쓴다는 이유로 반군에게 끌려가 산속에서 삐라 작성을 했다. 이후 서면 지서 경찰들에게 체포된 최승수, 최승모는 구타와 고문 끝에, 서면 용담골 뒤 대장굴 부근에서 사살되었다."

당시 군대의 진압 작전을 목격한 참고인 이 아무개는 무차별적으로 이뤄진 살해 행위에 대해 다음과 같이 증언했다.

"진압군이 순천에 들어와 길거리에 있는 민간인들을
무차별적으로 총살하는 경우가 많았다. 당시 시내
중심지에서는 특정한 집단 학살 장소가 있어서
거기서만 학살된 것이 아니라, 시내 곳곳의 후미지고
으슥한 장소이면 거의 학살 장소였다. 진압군이
들어온 지 2~3일 후에도 진압군을 반군으로 오인해
환영하는 농민들이 많았는데, 이들을 모두 사살했다."

머리가 짧다는 이유로 사살

당시 반군 협조 혐의자 색출 과정을 목격한 참고인
장 아무개는 광기에 사로잡힌 듯한 군경의 모습을 기억
하고 있었다.

"제8관구 경찰청 부청장이 모여 있는 사람들을 향해
'맘 같아선 너희들을 다 죽여 버리고 싶다'며 이를
갈았다. 복수심에 사로잡힌 군경은 객관적이고
공정한 심사를 할 수 없었다. 군용 팬티를 입거나,
머리가 짧다는 이유로 반군 협력자로 몰려 사살되었다."

희생자 유족들 중 한 명인 김관은 군경을 돕고도 그
들 손에 죽어야 했던 아버지에 대해 증언했다.

"시계방을 운영하던 아버지는 경제적으로 여유가
있던 편이었는데 14연대가 도움을 요청했다.
요구를 거절하면 개죽음을 당하니 어쩔 수 없이 밥을
해 주었다. 그런데 순천이 진압된 후 아버지는 순천
경찰들에게 연행되어 순천 성동국민학교 옆
공터에서 사살됐다."

유족 최두용은 9남매 중 본인을 비롯해 4남매만 살고
5남매가 부모와 함께 죽었다. 큰형이 반군에게 끌려 산
으로 간 뒤 가족이 그 보복으로 경찰에게 죽임을 당한
것이다.

"여순사건이 난 후 큰형이 산에 끌려간 뒤 경찰들이
와서 집에 불을 질러서 이 집 저 집 전전했어요. 이후
경찰들이 와 부친을 물에 처넣고 밟고 때린 다음 끌고
갔어요. 며칠 후에 광주형무소로 끌려가, 6·25가
터지자 죽었어요. 모친은 부친 면회를 갔다 온 지
얼마 지나지 않아 경찰들에게 죽창으로 맞아 왼쪽
팔이 잘린 채 사살됐어요. 어머니가 돌아가신 후
형은 이모네 집으로 밥을 얻어먹으러 가는 길에 지서
앞에서 경찰이 쏜 총에 맞아 죽었고, 다른 형제들도
경찰한테 죽었어요."

이러한 학살 상황은 피해자들만의 증언으로 이뤄진

게 아니다. 당시 가해자이기도 했던 이들이 털어놓은 다음 진술들에서도 그때의 잔인한 상황이 드러나고 있다.

> "반군 협조자 사살 뒤에 손가락, 귀, 목을 잘라서
> 허위로 전과를 보고했다."
> _국군 15연대 2대대 12중대 소속 참고인 김 아무개

> "마산 15연대가 4연대와 함께 순천, 보성, 담양,
> 장성 등 진압 및 토벌 작전 지역에서 반군에게 식량
> 등을 제공한 마을을 포위한 뒤, 부녀자와 아이들까지
> 포함한 마을 주민 전부를 모이게 해, 많은 주민들을
> 집단으로 사살한 일이 있었다."
> _국군 4연대 1대대 4중대 소속 참고인 조 아무개

> "서북청년단들은 대검으로 척살을 많이 했다. 이북
> 출신들은 가족을 대살하는 등 가혹하게 처리했다.
> 억울한 죽음이 많았다. 사살 후 가족에게 통보해
> 밤에 가족들이 시신을 수습했다. 죄질이 악질인 경우
> 시신을 거리에 전시하기도 했다."
> _상사 지서 의용 경찰 이 아무개

진실위는 여순사건의 조사 결과 439명의 희생자 신원을 확인할 수 있었다. 그를 바탕으로 1948년 10월

말에서 1950년 2월까지 순천 지역 여순사건에서 군경에 의한 민간인 희생자 수는 약 2,000여 명 정도로 추산했다. 하지만 정확한 피해 규모는 파악할 수 없었다.

진실위는 여순사건이 현지 토벌 작전 지휘관의 명령 아래 발생했지만, 최종적 감독 책임은 국방부, 그리고 대통령 이승만과 국가에 귀속된다고 판단했다. 또한 경찰 최상급 기관인 당시 내무부 치안국이 여순사건과 관련해 직접 명령을 내렸거나 보고받았는지는 확인할 수 없지만, 지휘 및 관리 책임을 면할 수는 없다고 판단했다.

M1 카빈 Mk I 소총 ⓒ스웨덴무기박물관

편집자 해제
한국 현대사에 새겨진 비극들과
폭력의 기원을 찾다

누군가에게는 '한강의 기적'이라고 요약되는 한국 현대사는 흔히 '역동적'이라고 표현된다. 그 말에는 잔인한 진실이 담겨 있다. 대한민국은 다른 나라의 속국이 되어 서로를 감시하고 배척하며 박해하는 일상이었던 일제강점기를 거쳐 세계사적 흐름 속 이데올로기 갈등의 대리전으로 시작된 한국전쟁이라는 잔인한 참변을 통해 태어났다. 그 후 이어진 독재 시대에는 한 줌도 안 되는 권력자들의 욕망을 위해 수많은 사람들의 피가 강처럼 흘러야 했다. 고난 끝에 드디어 민주주의 체제가 들어선 지금, 우리는 여전히 깨끗하게 정리되지 못한 잔인한 과거를 역사의 배경에 두고 살아가고 있다.

그 잔인한 과거에 이득을 본 권력자들은 본인이나 누군가의 일신을 위해 벌어진 범죄들을 감추고자 했다. 그리고 대중에게 그 범죄들은 상상을 초월하는 가혹성과 부당함으로 인해 감추고 싶어 하는 트라우마가 되었다. 대부분 운이 좋아 피바다에 휩쓸리지 않은 생존자들로선 전쟁으로 모든 것이 사라진 맨바닥에서 70여 년만에 세계 10위권 경제 규모를 이룬 국가가 된 영광의 드라마에 기록하기에는 버거운 일면이었으리라. 물론 이 범죄들에 이해관계가 얽힌 권력자와 공범들은 그러한 위축된 대중 정서를 적극적으로 이용하고, 또 압박했다. 그럼으로써 진실은 조작되고 은폐됐다.

마침내 민주 정부가 들어서고 2000년대가 되어서야 소화되지 않은 역사의 어둠을 해소하기 위한 제도권의 노력이 일어났다. 우리 현대사 속 생채기들을 마주하고 그를 풀어냄으로써 더 건강한 공동체를 만들고자 한 이 시도는 의문사진상규명위원회와 진실·화해를 위한 과거사정리위원회 등을 통해 문제적 사건들에 대한 발굴과 조사, 기록 등으로 그 귀중한 결과물을 남겼다. 본서의 저자 김성수는 의문사위와 진실위에 모두 참여하여 조사를 진행했던 경력으로, 자신이 접하며 분노하고 한탄하게 만든 한국 현대사의 비극들을 정리하여 본서의 원고를 만들었다.

대한민국의 지난 시절에 수많은 개인들에게 벌어졌던 죽음들을 접하다 보면 얼얼한 기분이 들 수밖에 없다. '너무 많다.' 어떻게 이렇게 무수한 폭력들이 수행될 수 있었을까? 그것은 그 폭력의 궁극적인 주체가 국가였기 때문이다. 그렇다면 국가는 어째서 그토록 자유롭게 폭력을 휘두를 수 있었을까? 그 폭력이 국가 제도와 체제로서 작동했기 때문이다.

저자에게 본서를 시간의 역순 구조로 구성하자고 제안한 것은 그 때문이기도 했다. '군사 정권의 끄트머리에까지 개개인들에게 가해졌던 폭력의 근원은 무엇인가'라는 의문을 출발점으로 하여 우리가 치른 '폭력의 역사'를 역방향으로 짚어 봄으로써 그 근본을 단계적으로 직시하고 싶었다.

그래서 본서는 세상을 조금 더 나은 곳으로 바꾸고자 노력한 청년들의 부당한 죽음으로부터 시작하여 그저 명부에 이름이 기재되었다는 것 하나만으로 살해당해야 했던 한국전쟁 시기의 학살로 나아간다. 앞서 말했듯 대한민국의 탄생은 한국전쟁과 함께하는 만큼, 한국전쟁 전후 시기에 벌어진 무차별적인 민간인 학살들은 이후 한국사 속 폭력성을 허용하는 지표가 됐다고 해도 과언이 아닐 것이다. 죽음의 규모로는 가장 크고, 죽음의 이유로 따져 봐도 가장 무관한 사람들이 희생된 이 어처구니없는 학살들은 우리가 직시해야 마땅한 '폭력의 역사'의 기원이다. 그렇게 너무나 커다란 범죄가 세워졌고 그 범죄를 근간으로 하여 폭력과 죽음을 체계화한 기관들은 그 뒤로도 수십 년간 수많은 무고한 죽음들을 만들 수 있었다.

이 모든 비극들은 이데올로기 대립과 권력자들의 권력 강화 욕구, 그에 대한 다수의 침묵과 악의 평범성이 뒤엉켜서 일어났다. 그리고 지금 시대에 벌어지는 상황은 비록 과거와 같은 폭압의 양적인 측면은 줄어 들었지만 그 양상의 근본만큼은 크게 달라지지 않은 것처럼 보인다. 또한 본서에서 제기되는 상당수 사건들은 여전히 그 정확한 내막을 알 수가 없으며 공개되지 않는 정보가 어딘가에 잠들어 있다. 즉 우리 사회의 기원을 잠식했던 어둠은 아직도 작동되고 있는 셈이다. 그래서 본서는 미약하게나마 그 어둠을 걷는 노력의 일환이 되길, 그리고 다시는 이와 같은 비극이 반복되지 않길 바라는 마음으로 만들어졌다.

역사는 기록되고 읽힘으로써 과거에 일어난 잘못이 현재와 미래에 되풀이되지 않길 바라는 소망이 담기기 마련이다. 그럼으로써 우리는 과연 현재가 과거와 비교하여 어떻게 변화되었는가, 계속 자문해야 할 의무가 있다. 그것은 우리의 현재와 미래, 그리고 미래 세대를 위해서 해야 할 의무이기도 하다.

폭력의 역사
한국 현대사의 숨겨진 비극들

초판 1쇄 발행 │ 2022년 11월 25일

지은이 │ 김성수
펴낸이·책임편집 │ 유정훈
디자인 │ 우미숙
인쇄·제본 │ 두성P&L

펴낸곳 │ 필요한책
전자우편 │ feelbook0@gmail.com
페이스북 │ facebook.com/feelbook0
블로그 │ blog.naver.com/feelbook0
포스트 │ post.naver.com/feelbook0
팩스 │ 0303-3445-7545

ISBN │ 979-11-90406-17-8 03910